30일 완성!!

한자능력검정시험

권주연 지음 ㅣ 정후수 감수

초판 발행 2004년 6월 15일 **3판 인쇄** 2007년 3월 2일 ‖ **지은이** 권주연 **감수** 정후수 **펴낸이** 장말희 **펴낸곳** 도서출판 장락
출판등록 1991년 7월 25일(제21-251호) ‖ **주소** 463-020 경기도 성남시 분당구 수내동 11-1 청구블루빌 915호
전화 (031)716-7306 **팩스** (031)716-7319 ‖ **ISBN** 89-85262-94-7 13710

 머리글

본 교재는 (사) 한국어문회가 주관하고 한국한자능력검정회에서 시행하는 한자자격 급수별 시험에 대비하여 엮은 것입니다. 漢字를 공부하는 학생이나 사회인들에게 漢字語의 이해와 활용능력을 신장시켜 폭넓은 사고력을 증진시키며 국어의 올바른 사용과 교과서 한자어의 이해력을 도와 학습능력을 향상시키는 데 목적을 두고 엮은 문제집입니다.

사람들은 한문 공부가 어렵고 따분하다는 선입견을 갖고 있습니다. 필자는 대학 강단에서 이런 문제로 어려움을 호소해오는 수많은 학생들을 대하면서 재미있고도 쉽게 공부하며 한자시험 자격증을 딸 수 있는 교재를 만들어보고자 연구를 하였습니다.

본 교재는 한자능력검정시험에 응시하고자 하는 학생들이나 사회인들이 보다 쉽고 효율적으로 학습할 수 있도록 기존의 교재들과는 전혀 다른 새로운 형식을 시도하였습니다. 즉 자격시험에 대비하여 기초부터 실전 모의고사 문제까지의 과제를 30일 과정으로 나누어 구성하였습니다. 본 교재에서 제시한 30일 과정의 과제를 하루하루 꾸준히 성실하게 실천해 나간다면 틀림없이 합격의 영광을 얻을 수 있을 것입니다.

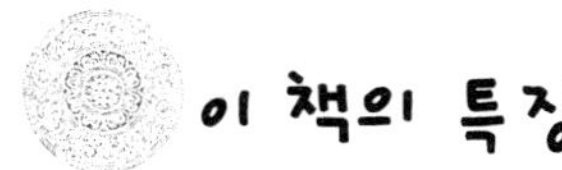 이 책의 특징

1. 기초학습에서는 六書와 部首를 실어 한자 학습의 기초를 다졌습니다.

2. 2004년부터 시행되는 필순 유형에 대비하여 정확한 한자를 익힐 수 있도록 쓰기 연습란을 두었습니다.(8급, 7급) 본 교재에서 정해준 과제대로 매일 쓰기연습을 하면 지루하지 않게 정확한 漢字 익히기를 할 수 있습니다.

3. 유형별 기출문제 실전연습에서는 최근 기출문제를 유형별로 완전 분석하여 출제함으로써 본시험에 철저히 대비할 수 있도록 하였습니다.

4. 실전 모의고사 문제는 최근 기출문제를 분석하여 본시험에 가깝게 난이도를 조정하여 각 급수별로 총 5회까지 엮었습니다. 출제된 문제들은 모두 급수별 실제 문항수와 문제 유형이 같으며 정답과 답안지는 별도로 마련하였습니다. 실전 모의고사 문제를 풀 때에는 본시험에서 사용하는 것과 같은 답안지를 잘라 사용하도록 함으로써 한자능력검정시험에 대한 적응력을 배려하였습니다.

본 교재는 한자능력검정시험을 대비하여 가장 많은 문제를 수록한 대표적인 수험서라고 할 수 있습니다. 한자능력검정시험에 응시하고자 하는 학생들이나 사회인들에게 좋은 동반자가 될 수 있을 것이라 확신합니다. 본 교재로 목적하시는 바의 성과를 거두시기 바랍니다.

차례

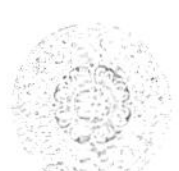 **한자능력검정시험안내**

❋ 한자능력검정시험이란

사단법인 한국어문회가 주관하고 한국한자능력검정회가 시행하는 국내 최고의 한자능력검정시험입니다. 1992년 12월 9일, 제1회 시험을 시작으로 2001년 1월 1일 이후 국가공인 자격시험(1급~3급Ⅱ)으로 치러지고 있습니다. 한자 급수제를 통해 개인별 한자능력을 객관적으로 평가하고 이를 인정하여 진학과 취업시험 등에 활용할 수 있도록 하는 데 그 목적이 있습니다.

한자능력검정시험은 초 · 중 · 고 · 대학생과 일반인이 꼭 알아야 할 교육용 한자에 기준을 두고 급수를 나누었습니다. 교육목적급수는 4급부터 8급이며, 국가공인급수는 1급부터 3급Ⅱ로 구분하고 있으며 1년에 3회 치러집니다.

❋ 응시자격은

- ■ 제한이 없으며 자신의 능력에 맞게 급수를 선택하여 응시할 수 있습니다.
- ■ 모든 급수의 검정 시험이 동시에 시행되므로 여러 급수를 동시에 중복해서 응시할 수 없습니다.

❋ 접수방법

❶ 창구접수

· 응시급수 선택 – 급수배정을 참고하여 본인에게 맞는 급수를 선택합니다.

· 원서작성 준비물 – 반명함판 사진(3×4㎝) 3매, 급수증 수령주소, 주민등록번호, 이름(한글 · 한자), 응시료(현금)

· 원서작성과 접수 – 정해진 양식의 원서를 작성하여 접수창구에 응시료와 함께 제출하고 수험표를 받습니다.

❷ 1급 우편접수

· 원서작성 준비물 – 반명함판 사진(3 x 4㎝) 3매, 급수증 수령주소, 주민등록번호, 이름(한글 · 한자), 응시료 우편환(35,000원), 항시 연락 가능한 연락처, 희망 응시 고사장

· 준비물 등기발송 – 주소 : (137-879) 서울특별시 서초구 서초1동 1627-1 교대벤처타워 401호 한국한자능력 검정회 1급 접수 담당자

漢·字·能·力·檢·定·試·驗

❀ 시험시간/검정료

구분	1급	2급~3급II	4급	4급II	5급	6급	6급II~8급
시험시간	90분	60분	50분	50분	50분	50분	50분
검정료	35,000원	18,000원	13,000원	13,000원	13,000원	13,000원	12,000원

※ 인터넷 접수 결제액은 검정료+접수수수료(1,000원)입니다.

❀ 급수배정

급 수	수준 및 특성
8급	읽기 50자, 쓰기 없음 미취학생이나 초등학생의 학습동기 부여를 위한 급수
7급	읽기 150자, 쓰기 없음 한자공부를 처음 시작하는 분을 위한 초급단계
6급II	읽기 300자, 쓰기 50자 한자 쓰기를 시작하는 첫 급수
6급	읽기 300자, 쓰기 150자 기초 한자 쓰기를 시작하는 급수
5급	읽기 500자, 쓰기 300자 학습용 한자 쓰기를 시작하는 급수
4급II	읽기 750자, 쓰기 400자 5급과 4급의 격차를 해소하기 위한 급수
4급	읽기 1,000자, 쓰기 500자 초급에서 중급으로 올라가는 급수
3급II	읽기 1,500자, 쓰기 750자 4급과 3급의 격차를 해소하기 위한 급수
3급	읽기 1,817자, 쓰기 1,000자 신문 또는 일반 교양어를 읽을 수 있는 수준
2급	읽기 2,355자, 쓰기 1,817자 일상 한자어를 구사할 수 있는 수준
1급	읽기 3,500자, 쓰기 2,005자 국한혼용 고전을 불편 없이 읽고, 공부할 수 있는 수준

漢·字·能·力·檢·定·試·驗

❀ 출제유형

급수	1급	2급	3급	3급II	4급	4급II	5급	6급	6급II	7급	8급
읽기 배정 한자	3,500	2,355	1,817	1,500	1,000	750	500	300	300	150	50
쓰기 배정 한자	2,005	1,817	1,000	750	500	400	300	150	50	0	0
독음(讀音)	50	45	45	45	30	35	35	33	32	32	24
훈음(訓音)	32	27	27	27	22	22	23	22	29	30	24
장단음(長短音)	10	5	5	5	5	0	0	0	0	0	0
반의어(反義語)	10	10	10	10	3	3	3	3	2	2	0
완성형(完成型)	15	10	10	10	5	5	4	3	2	2	0
부수(部首)	10	5	5	5	3	3	0	0	0	0	0
동의어(同義語)	10	5	5	5	3	3	3	2	0	0	0
동음이의어(同音異義語)	10	5	5	5	3	3	3	2	0	0	0
뜻풀이	10	5	5	5	3	3	3	2	2	2	0
필순(筆順)	0	0	0	0	0	0	3	3	3	2	2
약자(略字)·속자(俗字)	3	3	3	3	3	3	3	0	0	0	0
한자(漢字)쓰기	40	30	30	30	20	20	20	20	10	0	0

※ 상위급수 한자는 하위급수 한자를 모두 포함하고 있습니다.

※ 쓰기 배정 한자는 한두 급수 아래의 읽기 배정한자이거나 그 범위 내에 있습니다.

❀ 합격기준

구분	1급	2급~3급II	4급~5급	6급	6급II	7급	8급
출제문항수	200	150	100	90	80	70	50
합격문항수	160	105	70	63	56	49	35

※ 합격자 발표, 답안작성 방법, 시상기준, 우대사항 등 자세한 내용은 인터넷 www.hangum.re.kr과 www.hanja.re.kr에서 볼 수 있습니다.

同 한가지 동	夫 지아비 부	然 그럴 연	重 무거울 중
冬 겨울 동	不 아니 불/부	午 낮 오	紙 종이 지
洞 골 동/밝을 통	事 일 사	右 오른 우	地 따/땅 지
動 움직일 동	算 셈 산	有 있을 유	直 곧을 직
登 오를 등	上 윗 상	育 기를 육	川 내 천
來 올 래	色 빛 색	邑 고을 읍	千 일천 천
力 힘 력	夕 저녁 석	入 들 입	天 하늘 천
老 늙을 로	姓 성 성	自 스스로 자	草 풀 초
里 마을 리	世 인간 세	子 아들 자	村 마을 촌
林 수풀 림	少 적을 소	字 글자 자	秋 가을 추
立 설 립	所 바 소	場 마당 장	春 봄 춘
每 매양 매	手 손 수	電 번개 전	出 날 출
面 낮 면	數 셈 수	全 온전 전	便 편할 편/똥오줌 변
名 이름 명	市 저자 시	前 앞 전	平 평평할 평
命 목숨 명	時 때 시	正 바를 정	下 아래 하
文 글월 문	食 밥/먹을 식	祖 할아비 조	夏 여름 하
問 물을 문	植 심을 식	足 발 족	漢 한수/한나라 한
物 물건 물	心 마음 심	左 왼 좌	海 바다 해
方 모 방	安 편안 안	主 주인/임금 주	話 말씀 화
百 일백 백	語 말씀 어	住 살 주	花 꽃 화

活 살 **활**	果 실과 **과**	童 아이 **동**	發 필 **발**
孝 효도 **효**	光 빛 **광**	頭 머리 **두**	放 놓을 **방**
後 뒤 **후**	交 사귈 **교**	等 무리 **등**	番 차례 **번**
休 쉴 **휴**	球 공 **구**	樂 즐길 락/노래 악/좋아할 요	別 다를/나눌 **별**
6·6급II 배정한자	區 구분할/지경 **구**	例 법식 **례**	病 병 **병**
各 각각 **각**	郡 고을 **군**	禮 예도 **례**	服 옷 **복**
角 뿔 **각**	近 가까울 **근**	路 길 **로**	本 근본 **본**
感 느낄 **감**	根 뿌리 **근**	綠 푸를 **록**	部 떼 **부**
强 강할 **강**	今 이제 **금**	理 다스릴 **리**	分 나눌 **분**
開 열 **개**	急 급할 **급**	李 오얏/성 **리**	社 모일 **사**
京 서울 **경**	級 등급 **급**	利 이할 **리**	死 죽을 **사**
計 셀 **계**	多 많을 **다**	明 밝을 **명**	使 하여금/부릴 **사**
界 지경 **계**	短 짧을 **단**	目 눈 **목**	書 글 **서**
高 높을 **고**	堂 집 **당**	聞 들을 **문**	石 돌 **석**
苦 쓸 **고**	待 기다릴 **대**	米 쌀 **미**	席 자리 **석**
古 예 **고**	代 대신 **대**	美 아름다울 **미**	線 줄 **선**
功 공 **공**	對 대할 **대**	朴 성 **박**	雪 눈 **설**
公 공평할 **공**	圖 그림 **도**	班 나눌 **반**	省 살필 성/덜 생
共 한가지 **공**	度 법도 도/헤아릴 **탁**	反 돌이킬 **반**	成 이룰 **성**
科 과목 **과**	讀 읽을 독/구절 **두**	半 반 **반**	消 사라질 **소**

速 빠를 속	言 말씀 언	作 지을 작	特 특별할 특
孫 손자 손	業 업 업	章 글 장	表 겉 표
樹 나무 수	永 길 영	在 있을 재	風 바람 풍
術 재주 술	英 꽃부리 영	才 재주 재	合 합할 합
習 익힐 습	溫 따뜻할 온	戰 싸움 전	行 다닐 행/항렬 항
勝 이길 승	勇 날랠 용	庭 뜰 정	幸 다행 행
始 비로소 시	用 쓸 용	定 정할 정	向 향할 향
式 법 식	運 옮길 운	題 제목 제	現 나타날 현
神 귀신 신	園 동산 원	第 차례 제	形 모양 형
身 몸 신	遠 멀 원	朝 아침 조	號 이름 호
信 믿을 신	油 기름 유	族 겨레 족	畫 그림 화/그을 획
新 새 신	由 말미암을 유	晝 낮 주	和 화할 화
失 잃을 실	銀 은 은	注 부을 주	黃 누를 황
愛 사랑 애	飮 마실 음	集 모을 집	會 모일 회
野 들 야	音 소리 음	窓 창 창	訓 가르칠 훈
夜 밤 야	意 뜻 의	淸 맑을 청	
藥 약 약	衣 옷 의	體 몸 체	
弱 약할 약	醫 의원 의	親 친할 친	
陽 볕 양	者 놈 자	太 클 태	
洋 큰바다 양	昨 어제 작	通 통할 통	

서울

지역	고사장명	접수처	연락처
강남구	중앙대사대부속고등학교		
강서구	신월초등학교		
관악구	삼성고등학교		
광진구	건국대학교		
	구의중학교		
구로구	구일중학교		
	서울고척초등학교		
금천구	세일중학교		
노원구	노원고등학교		
	신창중학교		
도봉구	도봉중학교		
	창일중학교		
동대문구	휘경중학교		
	경희대학교		
동작구	중앙대학교		
	숭실대학교		
마포구	성산중학교		
서대문구	경기대학교(서울)		
서초구	서울교육대학교		
성동구	동마중학교		
성북구	서울사대부설중학교		
송파구	오금중학교		
	보성고등학교		
양천구	강신중학교		
	신남중학교		
	목동중학교		
영등포구	당산서중학교		
용산구	숙명여자대학교		
중랑구	태릉고등학교		
	신현중학교		
	중랑중학교		

부산광역시

지역	고사장명	접수처	연락처
금정구	부산대학교	한문학과	051-510-1516
남구	경성대학교	한문학과	051-620-4274
부산진구	부산여자대학	문헌정보학과	051-850-3046
	부산중앙중학교	영광도서	051-816-9500
영도구	한국테크노과학고등학교		
중구	동주여자상업고등학교		
해운대구	해운대공업고등학교		
	성심정보고등학교	행정실	051-542-0957
사상구	신라대학교	국어교육학과	051-999-5241
사하구	동주대학	평생교육원	051-200-3244
			3299,3402

대구광역시

지역	고사장명	접수처	연락처
남구	대구대학교	제프크시험정보센터	053-426-6500
	경복중학교	대경대학 사회교육원	053-745-7921~3
달서구	계명대학교	사범대학 한문교육과	053-580-5362

인천광역시

지역	고사장명	접수처	연락처
강화군	강화여자중학교	한자교육연구회	032-933-8890
부평구	제일고등학교	취업정보실	032-505-8442
			032-514-6163
	부광고등학교	부평 씽크빅문고	032-506-4100
			(600)
	갈산중학교		
남동구	만월중학교		
연수구	인천중학교		
남구	인천대학교		
	인하대부속고등학교	인하대 국어교육학과	032-860-7840
서구	검단고등학교	검단고등학교	032-567-7832~3

광주광역시

지역	고사장명	접수처	연락처
광산구	호남대학교	문학부	062-940-5354
남구	광주대학교	구내서점	062-674-1506
동구	조선대학교	한자선용국민실천회	062-234-3934
북구	서강중학교	정보관	062-520-5141
	광주중앙중학교	행정실	062-519-2533
	광주교육대학교	국어교육과 사무실	062-520-4127
서구	광주풍암초등학교	효림한문서예원	062-682-4694

대전광역시

지역	고사장명	접수처	연락처
대덕구	한남대학교	국어국문학과	042-629-7311
동구	대전대학교	국어국문학과	042-280-2210
서구	목원대학교	국어국문학과	042-829-7490
	배재대학교	국어국문학과	042-520-5311
	대전백운초등학교	교무실	042-536-2101
유성구	충남대학교	한문학과	042-824-0381
중구	대전여자정보고등학교	제일전문서적	042-242-0008
			0103

울산광역시

지역	고사장명	접수처	연락처
남구	옥동중학교	원산빌딩 4층 402호	052-268-2845
		접수기간만 통화가능	
	대현중학교		
	서여자중학교		
	신정중학교		
중구	무룡중학교		
동구	대송중학교		
	방어진중학교		
중구	제일중학교		
북구	천곡중학교		
	농소중학교		
울주군	범서중학교		

강원도

지역	고사장명	접수처	연락처
강릉시	관동대학교	국어교육과	033-649-7886
			033-649-7740
	강릉명륜고등학교	일칠서점	033-641-6111
고성군	경동대학교	평생교육원	033-639-0163
동해시	동해대학교	창업보육센터3층	033-520-4140
			9103,9104
영월군	세경대학	사회복지행정과	033-371-3270
원주시	상지영서대학		033-730-0882
	원주대학	산학협력과	033-760-8131
춘천시	강원대학교	인문대 2호관 1층 인문과학연구소	
			033-250-8139
태백시	황지고등학교	방송통신부 교무실	033-553-5751
화천군	화천초등학교	교감실	033-441-2806

경기도

지역	고사장명	접수처	연락처
고양시	일산정보산업고등학교	건영서예한자교육원	031-913-1575
	고양가람중학교		
	주엽공업고등학교		
	일산공업고등학교		
	정발고등학교		
	신일정보산업고등학교		
광주시	동원대학	산학협력처	031-763-8541
			(131~133)
군포시	한세대학교	평생교육원	031-450-5197
	군포고등학교	인터넷접수만 가능	
김포시	김포중학교	해동서적	031-988-2039
	미금초등학교	본관2층 과학실	031-551-6560
		도능, 양정지역	(373)
	송라초등학교	어학실(후관2층 서편)	031-595-9250
	(반드시 전화요망)	마석, 창현지역	011-9705-0584
남양주시	구지초등학교	구리시지역	
	덕소초등학교	덕소,와부지역	
	진건초등학교	금곡,사능지역	
	장현초등학교	장현,오남지역	
부천시	부천대학	인터넷 접수만 가능	
	가톨릭대학교(성심)	국어국문학과	02-2164-4201
성남시	경원대학교	국어국문학과(세종관)	031-750-5124
	한솔고등학교		
	불곡고등학교		
	경원전문대학	취업정보팀	031-750-8596
동두천시	동두천초등학교	동두천초등학교	031-864-2007
수원시	아주대학교	다산관 1층	031-219-2198
	수원고등학교	동아문고	031-255-6436
			031-255-6438
	정천중학교		
	영복여자중학교		
	삼일상업고등학교		
	장안대학		
시흥시	소래중학교	한양대학교(안산) 백남학술관 1층로비	
			031-400-5501
	신천중학교		
시화지구	서해중학교		
	송운중학교		
안산시	선부중학교		

D-30

육 서 六書

한자 학습의 구조

| 육서六書 |

　　모양(形;형)·소리(音;음)·뜻(意;의)의 세 가지 요소로 형성된 한자(漢字)는 처음에는 간단한 회화(그림)에서 출발하였다. 그러나 오랜 세월이 지나면서 늘어나는 사물과 복잡해지는 생각을 나타내기 위하여 글자의 수가 많아지고 복잡하게 되었다. 후한시대 허신이 『설문해자(說文解字)』라는 책을 지어 당시까지 사용하던 9,300여 글자의 구성원리를 비교하여 설명하였다. 허신은 이 책에서 모든 한자의 구성원리를 상형문자(象形文字), 지사문자(指事文字), 회의문자(會意文字), 형성문자(形聲文字), 전주문자(轉注文字), 가차문자(假借文字) 등 여섯 가지로 나누어 설명하였는데 이것이 곧 육서(六書)이다. 이러한 육서는 한자를 배우고 이해하는 데 기본이 되므로 반드시 익혀 두어야 한다.

(1) 상형문자象形文字

　　상형(象;모양 상, 形;모양 형)은 이름 그대로 사물의 모양을 있는 그대로 본떠서 만든 글자로서 한자가 만들어지는 구성 원리 중에서 가장 기본이 된다. 이는 문자가 처음에는 실제 사물의 모양을 본떠 그리는 데서 시작되었음을 의미한다. 이 방식은 구체적 사물의 특징적인 면을 두드러지게 나타냄으로써 사람들로 하여금 쉽게 알아볼 수 있게 한 것이다. 상형문자는 달, 해, 물, 불처럼 당대 사람들의 일상생활에서 중요한 의미를 갖는 것들이다.

⊙ ⊟　日 날 일　　해의 둥근 모습을 본뜬 글자

☽ ☽　月 달 월　　달이 이지러진 모습을 본뜬 글자

火 火　火 불 화　　불이 타오르는 모양을 본뜬 글자

川 川　川 내 천　　물이 흐르는 모양을 본뜬 글자

人 人　人 사람 인　두 발로 걸어가는 사람의 옆모양을 본뜬 글자

D-30

육 서 六書

(2) 지사문자指事文字

'어떤 일(事;일 사)'을 '가리키다(指;가리킬 지)'는 뜻을 가진 지사(指事)는, 구체적인 모양으로 나타낼 수 없는 관념적이고 추상적인 것 등을 점(·)이나 선(—)을 이용하여 나타낸 글자를 말한다.

간단한 선(—)으로 이루어진 지사문자

一　一 한 일　하나의 선(-)을 옆으로 그어 '하나' 라는 뜻을 나타냈다.
二　二 두 이　두 개의 선(-)을 옆으로 그어 '둘' 이라는 뜻을 나타냈다.
本　本 근본 본　나무 모양에 선(-)을 그어 '근본' 이라는 뜻을 나타냈다.

점(·)과 간단한 선(—)으로 이루어진 지사문자

上　上 위 상　선(-) 위에 점 하나를 찍어 '위' 라는 뜻을 나타냈다.
下　下 아래 하　선(-) 아래에 점 하나를 찍어 '아래' 라는 뜻을 나타냈다.

(3) 회의문자會意文字

기존에 만들어진 상형(象形) 문자와 지사(指事) 문자들을 둘 이상 결합(會;모을 회)하여 그 뜻(意;뜻 의)이 반영된 새로운 의미를 나타내는 글자를 일컫는다.

明 밝을 명　日(날 일) + 月(달 월)
　　해와 달이 결합하여 '밝다' 라는 뜻을 나타냈다.
好 좋을 호　女(계집 녀) + 子(아들 자)
　　어머니가 아이를 안고 좋아하는 모습에서 '좋다' 라는 뜻을 나타냈다.
林 수풀 림　木(나무 목) + 木(나무 목)
　　나무와 나무가 합쳐져서 나무가 많은 '수풀' 이라는 뜻을 나타냈다.
男 사내 남　田(밭 전) + 力(힘 력)
　　남자는 밭에서 힘을 쓰며 열심히 일하는 사람이므로 둘을 결합하여 나타냈다.

(4) 형성문자形聲文字

형성(形聲) 문자 역시 회의(會意) 문자처럼 두 가지 요소로 이루어진 글자이다. 이는 뜻글자인 한자(漢字)가 점점 복

D-30

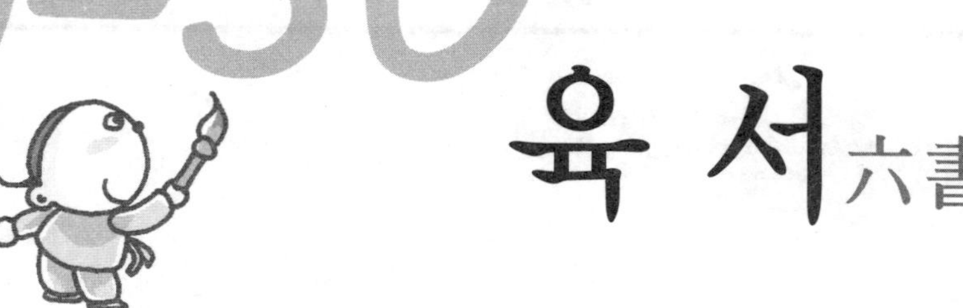

육 서 六書

잡해져가는 수많은 뜻들을 상형(象形)이나 지사(指事)의 원리로만 만드는 것에 한계가 있기 때문에 만들어진 문자 원리이다. 하지만 형성은 회의처럼 의미간의 결합이 아니라, 뜻을 나타내는 부분[形]과 음을 나타내는 부분[聲]이 합쳐져 이루어진 것이다.

형성은 오늘날 쓰이고 있는 한자의 80% 이상으로서 가장 많은 수를 차지한다. 따라서 형성의 원리를 잘 이해하면 한자를 이해하는 데 많은 도움이 된다. 형성 문자에서는 뜻 부분이 부수(部首)이고 음 부분이 몸이 된다.

問 물을 문   뜻 : 口(입 구) + 음 : 門(문 문)
입으로 물어본다는 데서 口가 뜻을 나타내고, 소리 부분인 門이 합하여 만들어진 글자이다.

淸 맑을 청   뜻 : 水(물 수) + 음 : 靑(푸를 청)
물이 맑다는 데서 물을 나타내는 水(氵)와, 소리 부분인 靑이 합하여 만들어진 글자이다.

記 기록할 기   뜻 : 言(말씀 언) + 음 : 己(몸 기)
말씀을 기록한다는 뜻에서 言과, 소리 부분인 己가 합하여 만들어진 글자이다.

(5) 전주문자轉注文字

전주(轉注)는 바퀴가 떼굴떼굴 굴러가듯이(轉:구를 전), 물을 이 그릇에서 저 그릇으로 따라 부으면 모양이 달라지듯이(注:물댈 주) 한자가 그 본래의 뜻에서 그와 관련이 있는 다른 뜻으로 전용되는 것을 말한다. 즉, 본래의 의미가 확대되어 전혀 다른 뜻과 음으로 사용된다.

樂 노래 악 → 즐거울 락 → 좋아할 요
처음에는 '노래 악' 자였는데 노래를 들으면 마음이 즐겁기 때문에 '즐겁다' 라는 뜻이 나왔고, 음악을 좋아한다는 데서 '좋아한다' 는 뜻이 나왔다. 발음 역시 뜻이 달라지면서 변하였다.

惡 악할 악 → 미워할 오
처음에는 '악할 악' 이었는데 악한 것은 누구나 미워하게 되어 '미워하다' 라는 뜻이 나왔다. 발음 역시 뜻이 달라지면서 변하였다.

更 고칠 경 → 다시 갱
처음에는 '고칠 경' 이었는데 고칠 것은 다시 해야 된다는 데서 '다시' 라는 뜻이 나왔다. 발음 역시 뜻이 달라지면서 변하였다.

육 서 六書

(6) 가차문자假借文字

뜻글자인 한자(漢字)는 처음부터 본래의 음과 뜻이 정해져 있는 글자이므로 소리글자인 한글과 달리 세계 여러 나라의 글자를 일일이 다 표기할 수가 없다. 따라서 어떤 뜻을 나타내는 글자가 없을 때 원래의 뜻과는 상관없이 음이 같거나 형태가 비슷한 글자를 잠시(假;잠시 가) 빌려서(借;빌릴 차) 쓰는 글자를 가차(假借) 문자라고 한다.

弗 아닐 불

 '$(달러)'를 한자(漢字)로는 표시할 수 없기 때문에 모양이 비슷한 弗자를 빌려와서 화폐의 단위로 쓰는 글자이다.

可口可樂 가능할 가, 입 구, 가능할 가, 즐거울 락

 '코카콜라'를 의미하는 글자이다. 콜라를 마시면 맛이 있기 때문에 입이 즐거워진다는 뜻과 맞아 떨어지고 음도 '코카콜라'와 비슷하게 만들었다.

亞細亞 버금 아, 가늘 세, 버금 아

 'Asia(아시아)'라는 외래어를 표기하기 위해서 발음만 빌려온 글자이다.

D-30

부 수 部首

| 부수 部首 |

부수(部首)란, 한자의 구성을 일정한 기준에 따라 분류한 것으로서 자전에서 글자를 찾는 길잡이가 되는 글자의 한 부분을 말한다. 주로 상형(象形)자와 지사(指事)자로 이루어져 있다.

또한 한자의 뜻과 밀접한 관계를 가지고 있어서, 한자의 부수를 알면 그 뜻을 짐작할 수 있다. 예를 들어 '목(木)'이 부수인 한자의 뜻은 대체로 나무의 종류나, 나무로 만든 물건과 관계가 있다.

대부분의 한자는 '부수'와 '몸'으로 이루어져 있는데, '몸'은 각 글자에서 부수를 뺀 나머지 부분을 말한다. 한편 부수만으로 된 한자는 '제부수자'라고 한다.

한자의 글자꼴을 살펴보면, 부수는 항상 한 글자의 형태 속에서 일정한 위치에 있음을 알 수 있다. 이러한 부수의 위치는 한자를 기억하고 습득하는 데 필요한 학습 요소가 될 수 있다.

부수는 1획에서 17획까지 모두 214자가 있는데 놓이는 위치에 따라 명칭도 다르다.

(1) 위치에 따른 부수의 명칭

변 부수가 글자의 구성에서 왼쪽을 이룰 때 붙이는 명칭이다.
　　예) 休(쉴 휴) : 부수는 亻으로 '인변'이라 부른다.

방 부수가 글자의 구성에서 오른쪽을 이룰 때 붙이는 명칭이다.
　　예) 郡(고을 군) : 부수는 阝으로 '우부방'이라고 한다.

발 부수가 글자의 구성에서 아랫부분을 이룰 때 붙이는 명칭이다.
　　예) 然(그럴 연) : 부수는 아래에 붙은 火(灬)로 명칭은 '연화발'이라고 한다.

엄 부수가 글자의 구성에서 위와 왼쪽을 덮어씌울 때 붙이는 명칭이다.
　　예) 座(앉을 좌) : 부수는 广으로 명칭은 '엄호'이다.

받침 부수가 글자의 구성에서 왼쪽 위에서 내려와 아랫부분을 받쳐줄 때 붙이는 명칭이다.
　　예) 道(길 도) : 부수는 辶으로 명칭은 '책받침'이라고 한다.

부 수 部首

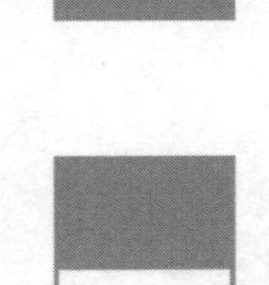

□ 에운담 부수가 글자의 구성에서 둘레를 감쌀 때 붙이는 명칭이다.
　　예) 匹(짝 필) : 부수는 匚로 명칭은 '터진 에운담' 이라고 한다.

▬ 머리 부수가 글자의 구성에서 위를 이룰 때 붙이는 명칭이다.
　　예) 家(집 가) : 부수는 宀으로 명칭은 '갓머리' 라고 한다.

(2) 부수의 변형

한자의 부수는 경우에 따라서 원래의 모습을 지니지 않고 놓이는 위치에 따라 모양이 달라지는 경우가 많이 있다. 이것은 부수가 글자에 포함될 때 변형되기 때문이다. 어떤 부수들은 글자의 모양을 보기 좋고 간단하게 하기 위해 그 획의 일부가 생략된 채로 사용된다. 부수의 원래 글자와 변형된 모양은 둘 다 정확히 익혀 두어야 한다.

人(亻)　사람과 관련된 것.　　　　　　　　예) 仁(어질 인), 休(쉴 휴)

刀(刂)　칼과 관련된 것.　　　　　　　　　예) 分(나눌 분), 利(이할 리)

手(扌)　손과 관련되거나 손으로 하는 동작.　예) 拾(주울 습), 打(칠 타)

水(氵)　물이나 액체와 관련된 것.　　　　　예) 江(강 강), 流(흐를 류)

艸(艹)　식물과 관련된 것.　　　　　　　　예) 草(풀 초), 英(꽃부리 영)

心(忄)　마음과 관련된 것.　　　　　　　　예) 心(마음 심), 情(뜻 정)

犬(犭)　동물, 동물의 성질, 짐승과 관련된 것.　예) 犬(개 견), 獨(홀로 독)

辵(辶)　가는 것과 관련된 것.　　　　　　　예) 進(나아갈 진), 道(길 도)

肉(月)　살, 신체의 일부.　　　　　　　　　예) 育(기를 육), 肥(살찔 비)

攴(攵)　두드리는 것과 관련된 것.　　　　　예) 政(정사 정), 改(고칠 개)

玉(王)　구슬과 관련된 것.　　　　　　　　예) 珍(보배 진), 珥(귀고리 이)

示(礻)　신(神)과 관련된 것.　　　　　　　예) 神(귀신 신), 祭(제사 제)

衣(衤)　옷과 관련된 것.　　　　　　　　　예) 被(입을 피), 裏(속 리)

阝(邑)　고을, 행정구역과 관련된 것.　　　　예) 郡(고을 군), 邦(나라 방)

阝(阜)　언덕과 관련된 것.　　　　　　　　예) 陸(뭍 륙), 防(막을 방)

D-29

독 음讀音

1. 독음讀音

| 한자어漢字語 독음讀音 익히기 |

ㄱ 으로 시작하는 한자어漢字語

家門 (　　) 집안
家事 (　　) 집안 일
歌手 (　　) 노래를 불러 업으로 삼는 사람
家長 (　　) 집안의 어른
家庭 (　　) 살림하고 있는 집안
家族 (　　) 한 가정을 이루는 사람들
各界 (　　) 사회의 각 방면
各自 (　　) 각각의 자신
感氣 (　　) 추위로 인한 호흡기 질환
感動 (　　) 깊이 느끼어 마음이 움직임
江南 (　　) 강의 남쪽
强力 (　　) 강한 힘
强弱 (　　) 강하고 약함
江村 (　　) 강가의 마을
開放 (　　) 문 등을 열어 놓음
開始 (　　) 처음으로 시작함
開業 (　　) 영업이나 사업을 시작함
開閉 (　　) 열고 닫음
開學 (　　) 방학이 끝나고 새 학기가 시작됨
計算 (　　) 셈을 헤아림
古今 (　　) 옛날과 지금
高級 (　　) 품질이 뛰어나고 값이 비쌈
古代 (　　) 옛 시대

苦樂 (　　) 괴로움과 즐거움
高速 (　　) 매우 빠른 속도
苦心 (　　) 몹시 마음을 태움
高低 (　　) 높고 낮음
空間 (　　) 빈자리
共感 (　　) 남의 의견에 대하여 같이 느낌
公共 (　　) 국가나 사회의 여러 사람과 관계 되는 일
空軍 (　　) 항공기로 전투 및 방어를 하는 군대
公金 (　　) 공공단체의 소유로 있는 돈
空氣 (　　) 지구를 둘러싸고 있는 무색, 무명, 무
　　　취의 기체
功名心 (　　) 공을 세워 이름을 떨치려는 마음
工夫 (　　) 학문을 배우고 익힘
工事 (　　) 토목, 건축의 작업
公式 (　　) 공적인 방식
功臣 (　　) 나라에 공로가 있는 신하
公園 (　　) 국가나 지방 공공 단체가 공중의 보건
　　　휴양 놀이 따위를 위하여 마련한 정원, 유원지,
　　　동산 등의 사회 시설
工場 (　　) 물건을 생산해 내는 곳
空中 (　　) 하늘과 땅 사이의 빈 곳
公平 (　　) 치우침이 없이 공정함
科目 (　　) 학문의 영역
果樹 (　　) 과일 나무
果然 (　　) 진실로 그러함
光明 (　　) 밝고 환함
光線 (　　) 빛의 줄기
校歌 (　　) 학교의 노래
交感 (　　) 둘이 접촉되어 감응함

敎科書（　　　） 학교의 교육 과정에 따라 교재로 사
　　　　용하기 위하여 편찬한 책
校旗（　　） 학교의 깃발
校內（　　） 학교의 안
校門（　　） 학교의 문
交信（　　　） 우편, 전신, 전화 따위로 정보나 의견
　　　을 주고받음
敎室（　　） 학생들이 공부하는 방
敎育（　　） 가르치고 지도하는 일
交通（　　） 자동차 등의 탈 것을 이용하여 오고감
校訓（　　　） 학교의 이념이나 목표를 간명하게 나
　　　타낸 표어
敎訓（　　　） 앞으로의 행동이나 생활에 지침이 될
　　　만한 가르침
區間（　　） 일정한 지점의 사이
口頭（　　） 입으로 전하는 말
區別（　　） 종류에 따라 갈라놓음
區分（　　） 갈라놓음
九月（　　） 일년 중 아홉 번째 달
國家（　　） 나라
國歌（　　） 나라의 노래
國旗（　　） 나라의 깃발
國力（　　） 나라의 힘
國立（　　） 나라에서 세움
國民（　　） 나라의 백성
國花（　　） 나라의 꽃
軍歌（　　） 군대에서 부르는 노래
軍旗（　　） 군대의 깃발
郡內（　　） 고을 안

軍士（　　） 군인
郡守（　　） 군의 행정을 맡아보는 최고 책임자
軍人（　　） 군인
近來（　　） 요즈음
根本（　　） 사물이 생겨난 바탕
近海（　　） 육지에 가까운 바다
今年（　　） 올해
今日（　　） 오늘
級數（　　） 기술의 우열에 의한 등급
急行（　　） 빨리 감
氣力（　　） 정신과 육체의 힘
記事（　　） 사실을 적은 글
氣色（　　） 얼굴에 나타나는 감정의 변화
記入（　　） 적어 넣음
記者（　　） 신문, 방송 따위에 실을 기사를 취재하
　　　　여 쓰거나 편집하는 사람

ㄴ 으로 시작하는 한자어漢字語

男女老少（　　　） 남자, 여자, 노인, 젊은이
南東（　　） 남쪽과 동쪽
南門（　　） 남쪽의 문
南北（　　） 남쪽과 북쪽
男子（　　） 남성으로 태어난 사람
男便（　　） 장가들어 여자의 짝이 되는 남자
男學生（　　） 남자 학생
來年（　　） 올해의 다음 해
內面（　　） 물건의 안쪽
來世（　　） 다음 세상

D-29

독 음讀音

內室（　　） 부녀자가 거처하는 안방

內心（　　） 품은 마음

內外（　　） 안과 밖

來日（　　） 오늘의 다음 날

老年（　　） 나이가 들어 늙은 때

老母（　　） 늙은 어머니

老少（　　） 늙은 사람과 젊은 사람

老弱者（　　　） 늙은이와 약한 사람

老人（　　） 늙은 사람

綠地（　　） 초목이 무성한 땅

農民（　　） 농사짓는 백성

農夫（　　） 농사짓는 사람

農事（　　） 농업에 관련된 일

農藥（　　　） 농작물에 해로운 벌레, 병균, 잡초 따
　　　위를 없애거나 농작물이 잘 자라게 하는 약품

農地（　　） 농사짓는 땅

農村（　　） 농사짓는 마을

農土（　　） 농사짓는 땅

D-28

독 음讀音

ㄷ 으로 시작하는 한자어漢字語

多量（　）많은 분량

多少（　）많고 적음

多幸（　）운수가 좋음

短命（　）오래 살지 못함

短身（　）키가 작음

答紙（　）답을 쓰는 종이

對答（　）묻는 말에 대하여 말을 함

大洞（　）큰 동네

對等（　）양쪽이 똑같음

大成（　）크게 이룸

大食家（　）많이 먹는 사람

代身（　）남을 대리함

大洋（　）큰 바다

代用（　）대신하여 사용함

大學（　）교육기관의 하나

大韓（　）큰 나라

待合室（　）공공시설에서 기다리며 머물 수 있게 마련한 곳

代行（　）남을 대신하여 행함

對話（　）서로 마주 대하여 이야기함

道路（　）차나 사람이 다니는 길

道理（　）사람이 어떤 입장에서 마땅히 행하여야 할 바른 길

道立（　）도에서 설립, 운영하는 일

道人（　）도술을 부리는 사람

道場（　）무예를 닦는 곳

圖表（　）그림과 표

讀書（　）책을 읽는 것

讀者（　）책, 신문 등의 출판물을 읽는 사람

洞口（　）동네의 입구

同級（　）같은 등급

動力（　）움직이는 힘

洞里（　）마을

同名（　）같은 이름

東問西答（　）동쪽을 물었는데 서쪽을 대답함

動物（　）움직이는 생물

洞民（　）한 마을의 사람

東西（　）동쪽과 서쪽

同姓（　）같은 성씨

同數（　）같은 숫자

同時（　）같은 때나 시간

童心（　）어린아이의 마음

同心（　）마음을 같이 함

東洋（　）유라시아 대륙의 동부 지역

同一（　）똑같음

冬日（　）겨울 날

洞長（　）동네의 우두머리

冬天（　）겨울 하늘

東海（　）동쪽 바다

童話（　）어린이를 위하여 동심을 바탕으로 하여 지은 이야기

頭角（　）뛰어난 학식이나 재능

登校（　）학교에 감

等分（　）똑같은 부분으로 나눔

登山（　）산에 오름

登場（　）무대 같은 데에 나옴

D-28

독 음讀音

□ 으로 시작하는 한자어漢字語

萬國旗（　　）여러 나라의 국기
萬里（　　）아주 먼 거리
萬物（　　）온갖 물건
萬病（　　）온갖 병
萬事（　　）모든 일
每年（　　）해마다
每番（　　）각각의 차례
每事（　　）일마다
每時（　　）시간마다
每月（　　）달마다
每日（　　）날마다
面前（　　）눈앞에
面會（　　）찾아가서 사람을 만남
命名（　　）이름을 지어 붙임
明明白白（　　　　）매우 분명함
名文（　　）유명한 글
名物（　　）유명한 것
名所（　　）유명한 장소
名言（　　）이치에 맞게 잘한 말
母子（　　）어머니와 아들
目禮（　　）눈짓으로 가볍게 하는 인사
目前（　　）눈 앞
木花（　　）나무에 핀 꽃, 목화솜
文科（　　）인간과 사회에 대하여 연구하는 학문
問答（　　）물어보고 답함
文物（　　）문화의 산물
文章（　　）느낌이나 생각을 글자로 기록한 글

問題（　　）답을 요구하는 물음
文學（　　）언어로 표현한 예술 작품
美食家（　　）음식에 대하여 특별한 기호를 가진 사람
米飮（　　）쌀 등을 푹 끓이어 걸러낸 걸쭉한 음식
美人（　　）용모가 아름다운 여자

ㅂ 으로 시작하는 한자어漢字語

反對（　　）남의 의견 등에 찬성하지 않고 맞섬
反省（　　）자신의 언행에 대하여 잘못이 없나 돌
　　　이켜 봄
班長（　　）반의 통솔자
發光（　　）빛을 냄
發明（　　）아직까지 없던 기술이나 물건을 새로
　　　생각하여 만들어 냄
發病（　　）병이 생김
發生（　　）일이 생겨남
發信（　　）소식이나 우편을 보냄
發表（　　）어떤 사실 등을 세상에 널리 드러내 알림
方今（　　）지금 막
方面（　　）어떤 분야
方式（　　）일정한 방식
放學（　　）학교에서 학기가 끝난 뒤 일정기간 수
　　　업을 쉬는 일
白旗（　　）하얀 깃발
百年（　　）일백 년이 되는 해
白米（　　）흰 쌀
百方（　　）여러 방면
白雪（　　）흰 눈

D-28

독 음 讀音

百姓（　　） 국민의 한자(漢字)
白衣民族（　　　） 흰 옷을 입는 민족, 즉 한국 민족
白晝（　　） 대낮
白紙（　　） 흰 종이
番號（　　） 차례를 나타내는 숫자
便所（　　） 대소변을 누는 장소
別名（　　） 본이름 대신에 지어 부르는 이름
別世（　　） 세상을 떠남
病室（　　） 병을 치료하기 위하여 환자가 기거하는 방
服用（　　） 약을 먹음
本名（　　） 본래의 이름
本性（　　） 본래의 성질
本業（　　） 주가 되는 직업
父母（　　） 아버지와 어머니
部分（　　） 전체를 몇 개로 나눈 것의 하나
父王（　　） 아버지인 임금
夫人（　　） 남이나 자기 아내를 일컫는 말
不自然（　　　） 자연스럽지 못함
不正（　　） 바르지 못함
不足（　　） 풍족하지 아니함
父兄（　　） 아버지와 형
北海（　　） 북쪽의 바다
分野（　　） 여러 갈래로 나누어진 부분이나 갈래
分業（　　） 일을 나누어서 함
不問（　　） 물어보지 않음
不安（　　） 편안하지 않음
不便（　　） 편리하지 않음
不平（　　） 평안하지 않음
不幸（　　） 행복하지 못함

不孝（　　） 부모에게 자식 된 도리를 하지 못함

D-27

독 음讀音

ㅅ 으로 시작하는 한자어漢字語

社交（　　） 여러 사람이 모여 서로 사귐

事物（　　） 일과 물건

四方（　　） 동, 서, 남, 북 네 방향

死別（　　） 죽어서 이별함

使用（　　） 씀

死活（　　） 죽고 사는 것

社會（　　） 같은 무리끼리 모여 이루는 집단

山林（　　） 숲

山水（　　） 산과 물

算數（　　） 산술 및 기초 수학

山川草木（　　　） 산, 내, 풀, 나무 등 자연

山村（　　） 산 속에 있는 마을

算出（　　） 계산하여 냄

三角形（　　） 세 개의 선분으로 둘러싸인 도형

三寸（　　） 부모의 형제 항렬

上空（　　） 높은 하늘

上衣（　　） 윗옷

上下左右（　　　） 위, 아래, 왼쪽, 오른쪽

色色（　　） 여러 가지 빛깔

色紙（　　） 물 들인 종이

生命（　　） 목숨

生花（　　） 살아있는 꽃

生母（　　） 자기를 낳은 어머니

生育（　　） 낳아 기름

生日（　　） 태어난 날

生活（　　） 생명을 가지고 활동함

書堂（　　） 글방

西海（　　） 서쪽 바다

書畫（　　） 글씨와 그림

石頭（　　） 돌 머리

夕食（　　） 저녁밥

夕陽（　　） 저녁 해

石油（　　） 천연으로 지하에서 나는 가연성 광물
　　　　　　성 기름

先山（　　） 조상의 무덤이 있는 곳

先生（　　） 학생을 가르치는 사람

先祖（　　） 조상

雪景（　　） 눈 내리는 경치

成功（　　） 목적을 이룸

成果（　　） 이루어진 결과

姓名（　　） 성과 이름

世界（　　） 지구상의 모든 나라

世道（　　） 세상을 올바르게 다스리는 도리

世上萬事（　　　） 세상에서 일어나는 모든 일

少女（　　） 나이가 어린 여자

所聞（　　） 사람들 입에 오르내려 전해지는 말들

消失（　　） 사라져 없어짐

小便（　　） 오줌

小人（　　） 작은 사람

所有（　　） 가진 물건

所在地（　　　） 주요 건물이나 기관이 자리잡고 있는 곳

所重（　　） 매우 귀중함

消化（　　） 먹은 음식물 삭임

消火（　　） 불을 끔

速度（　　） 빠른 정도

速讀（　　） 빨리 읽음

D-27

독 음讀音

速力（　　） 빠르기
孫子（　　） 아들의 아들
手工（　　） 손으로 만든 공예
手記（　　） 손으로 적음
手動（　　） 손으로 움직임
樹木（　　） 살아있는 나무
水石（　　） 물과 돌
手術（　　） 째거나 자르거나 하여 병을 다스리는 일
手足（　　） 손과 발
手中（　　） 손 안
數學（　　） 산수
手話（　　） 몸짓에 의한 의사전달 방법
勝利（　　） 겨루어 이김
勝算（　　） 이길 가망성
勝者（　　） 싸움이나 경기에서 이긴 사람
時間（　　） 어느 때로부터 어느 때까지의 사이
時計（　　） 시간을 나타내는 기계
時空（　　） 시간과 공간
時急（　　） 급하다
市立（　　） 시에서 세워 운영함
市民（　　） 시의 주민
時事（　　） 그 당시에 생기는 여러 가지 세상 일
始作（　　） 맨 처음
市場（　　） 온갖 물건을 사고파는 장소
食口（　　） 같은 집에서 사는 사람
食堂（　　） 식사를 할 수 있게 만든 장소
植木日（　　） 나무를 심는 날
食事（　　） 밥 먹는 일
食生活（　　） 먹고 사는 일

食水（　　） 마시는 물
植樹（　　） 나무를 심음
食飮（　　） 먹고 마심
式場（　　） 식을 거행하는 장소
新年（　　） 새로운 해
神童（　　） 재주나 슬기가 뛰어난 아이
新綠（　　） 늦봄이나 초여름에 새로 나온 잎의 푸른 빛
新聞（　　） 새로운 소식, 신문
新式（　　） 새로운 형식
信用（　　） 언행이나 약속이 틀림 없을 것으로 믿음
信者（　　） 종교를 믿는 사람
身長（　　） 키
室內（　　） 건물의 안
失禮（　　） 말이나 행동이 예의에 벗어남
失明（　　） 눈이 어두워짐
失手（　　） 부주의로 잘못함
失神（　　） 병이나 충격 따위로 정신을 잃음
失言（　　） 실수로 잘못 말함
失業（　　） 생업을 잃음
心中（　　） 마음 속
十年（　　） 열 번째 해
十日（　　） 열흘

○ 으로 시작하는 한자어漢字語

安樂（　　） 몸과 마음이 편안하고 즐거움
安心（　　） 마음이 편안함
安全（　　） 위험하지 않음
愛國（　　） 자기 나라를 사랑함

D-27

독 음讀音

愛讀(　　) 즐겨서 읽음
愛用(　　) 즐겨 씀
野生(　　) 동식물이 산이나 들에서 저절로 남
野外(　　) 들판
夜學(　　) 밤에 공부함
弱小(　　) 약하고 작음
藥草(　　) 약으로 쓰이는 풀
洋藥(　　) 서양 의술로 만든 약
洋屋(　　) 서양식으로 지은 집
語學(　　) 언어를 연구하는 학문
言行(　　) 말과 행동
女軍(　　) 여자 군인
女王(　　) 여자 왕
力不足(　　) 힘이나 기량 등이 모자람
年老(　　) 나이가 많아서 늙음
年數(　　) 햇수
年長者(　　) 나이가 많은 사람
永生(　　) 영원히 삶
英語(　　) 영국을 비롯한 미국이나 캐나다 등의
　　　공용어
永遠(　　) 한없이 오래 계속 되는 일
英才(　　) 뛰어난 재능이나 지능
永住(　　) 한 곳에 오래 삶
禮式(　　) 예법에 따라 치르는 의식
五日(　　) 다섯 번째 날
午前(　　) 자정부터 정오까지의 사이
午後(　　) 정오부터 자정까지의 사이
溫度(　　) 차가움과 따뜻함의 정도
溫水(　　) 따뜻한 물

溫室(　　) 난방장치가 된 방
溫和(　　) 성질이나 태도가 온순하고 인자함
王家(　　) 왕실의 집안
王國(　　) 임금이 다스리는 나라
王室(　　) 임금의 집안
王子(　　) 임금의 아들
外界人(　　) 우주인
外交(　　) 다른 나라와 정치적, 문화적 관계를 맺는 일
外國語(　　) 외국의 말
外來語(　　) 외국어가 들어와 국어처럼 쓰이는 말
外食(　　) 밖에서 음식을 사먹는 것
外出(　　) 밖으로 나가는 것
勇氣(　　) 씩씩한 의기
用度(　　) 씀씀이, 쓰는 목적
勇士(　　) 용맹스러운 사람
運動(　　) 위치를 바꾸거나 움직이는 일
運命(　　) 타고난 운수
遠近(　　) 멀고 가까움
由來(　　) 사물의 연유하여 온 바
有利(　　) 이로움이 있다
有名(　　) 많은 사람에게 이름이 알려짐
有事時(　　) 급한 일이 생겼을 때
六月(　　) 한 해의 여섯 번째의 달
育林(　　) 나무를 심고 가꾸는 것
六日(　　) 여섯 번째 날
六村(　　) 여섯 부락
銀行(　　) 예금을 맡아 관리하는 금융기관
音讀(　　) 한자를 음으로 읽음
音色(　　) 음을 만드는 구성 요소의 차이로 생기

독 음 讀音

D-27

는, 소리의 감각적 특색

飮食 (　　) 먹고 마시는 것

音樂 (　　) 목소리나 악기를 통하여 감정을 나타내는 예술

邑內 (　　) 읍의 구역 안

邑民 (　　) 읍내에 사는 사람

邑長 (　　) 읍의 행정사무를 처리하는 사람

里長 (　　) 마을의 사무를 처리하는 우두머리

意圖 (　　) 앞으로 하려는 계획

衣服 (　　) 옷

醫術 (　　) 병을 고치는 기술

衣食住 (　　) 인간생활에 필요한 세가지 요소

理由 (　　) 까닭

人間 (　　) 사람

人口 (　　) 사람의 총수

人氣 (　　) 사람의 좋은 평판

人道 (　　) 사람이 다니는 길

人名 (　　) 사람의 이름

人命 (　　) 사람의 목숨

人便 (　　) 오거나 가는 편의 사람

人生 (　　) 사람이 이 세상에 살아 있는 동안

日記 (　　) 그날그날 겪은 일이나 감상 등을 적은 개인의 기록

日氣 (　　) 날씨

一心 (　　) 한 마음

日月 (　　) 해와 달

林木 (　　) 수풀의 나무

入口 (　　) 들어가는 통로

入國 (　　) 나라 안으로 들어 감

立冬 (　　) 24절기의 하나로 겨울이 시작됨을 이름

入社 (　　) 회사에 들어감

入室 (　　) 실내로 들어감

立場 (　　) 당하고 있는 처지

入住 (　　) 들어가 삶

立秋 (　　) 24절기의 하나로 가을이 시작됨을 이름

立春 (　　) 24절기의 하나로 봄이 시작됨을 이름

立夏 (　　) 24절기의 하나로 여름이 시작됨을 이름

入學 (　　) 학교에 들어감

D-26

독 음讀音

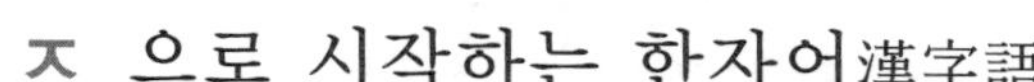

ㅈ 으로 시작하는 한자어漢字語

自國民(　　) 자기 나라의 국민

子女(　　) 아들과 딸

自動(　　) 스스로 움직임

自立(　　) 스스로 일어 섬

自問自答(　　　　) 스스로 묻고 스스로 대답함

自省(　　) 스스로 반성함

子孫(　　) 자식들

自習(　　) 스스로 익힘

自信(　　) 스스로를 믿음

自然(　　) 사람의 힘을 더하지 않음

自由(　　) 구속되지 않고 마음대로 행동함

子弟(　　) 남의 아들

自足(　　) 스스로 넉넉함을 느끼는 것

自主(　　) 남의 힘을 빌지 않고 자기 일을 스스로
　　처리함

作家(　　) 예술품의 제작자

作歌(　　) 노래를 지음

昨今(　　) 어제와 오늘

昨年(　　) 지난 해

作動(　　) 기계의 운동 부분의 움직임

昨日(　　) 어제

長江(　　) 긴 강

長男(　　) 집안의 큰 아들

長短(　　) 길고 짧음

長大(　　) 길고 큼

場面(　　) 어떤 장소에서 겉으로 드러난 면이나
　　벌어진 광경

長子(　　) 맏아들

全國民(　　) 온 나라의 국민

電氣(　　) 전기의 이동으로 생기는 에너지의 한 형태

電動(　　) 전기로 움직이는 것

全力(　　) 모든 힘

電力(　　) 전기의 힘

全面(　　) 모든 면

前方(　　) 앞 쪽

全部(　　) 모두 다

電車(　　) 전력을 공급받아 다니는 차

全體(　　　) 부분의 집합으로 구성된 것을 몰아서
　　하나의 대상으로 삼는 경우에 바로 그 대상

電話(　　) 전파나 전류를 통해 서로 대화할 수 있
　　는 장치

前後左右(　　　　) 앞, 뒤, 왼쪽, 오른쪽

正門(　　) 정면에 있는 문

定時(　　) 정해진 시각

正午(　　) 낮 12시

庭園(　　) 집안에 있는 뜰이나 꽃밭

正字(　　) 또박또박 쓴 글자

正直(　　) 거짓이 없는 곧은 마음

題目(　　) 겉장에 쓴 책의 이름

第三者(　　) 당사자 이외의 사람

第一(　　) 첫째

弟子(　　) 스승으로부터 가르침을 받거나 배우는 학생

祖國(　　) 조상 때부터 살아온 나라

朝禮(　　) 아침에 일과를 시작하기 전에 하는 모임

祖父母(　　) 할아버지와 할머니

祖上(　　) 자기 세대 이전의 어른

D-26

독 음讀音

朝夕（　　）아침, 저녁	地下水（　　）땅속에 있는 물
左右（　　）왼쪽과 오른 쪽	直角（　　）두 직선이 만나서 이루는 90도 각도
左便（　　）왼쪽	直立（　　）똑바로 섬
左向左（　　）바로 서 있는 상태에서 몸을 왼쪽으로 90도 돌아섬	直面（　　）똑바로 마주 봄
注目（　　）관심을 가지고 주의 깊게 봄	直線（　　）곧은 선
住民（　　）그 땅에 사는 사람	直言（　　）바른 말
住所（　　）살고 있는 곳	直行（　　）곧게 가다
主食（　　）주가 되는 양식	集中（　　）한 곳으로 모이게 함
晝夜（　　）낮과 밤	集合（　　）한 군데로 모임
主語（　　）한 문장 가운데 주체가 되는 말	集會（　　）다수인이 모임을 가짐
注油（　　）자동차 등에 휘발유 따위를 주입함	
主人（　　）물건 따위를 소유한 사람	ㅊ 으로 시작하는 한자어漢字語

注入（　　）액체를 부어 넣음	車道（　　）차가 다니는 길
主題（　　）대화나 연구 따위에서 중심이 되는 문장	車窓（　　）자동차의 창문
重大（　　）매우 중요함	窓門（　　）공기나 빛이 들어오도록 벽에 만들어 놓은 작은 문
重力（　　）지구위의 물체가 지구 중심으로부터 받는 힘	千金（　　）많은 돈
中立（　　）한편으로 치우치지 않고 공평하게 처신함	天氣（　　）하늘에 나타난 기후
中心（　　）사물의 한 가운데	千年萬年（　　）천만년
中秋（　　）추석을 이르는 말	天命（　　）타고난 수명
地圖（　　）지구 표면의 상태를 일정한 비율로 줄여, 이를 약속된 기호로 평면에 나타낸 그림	天然（　　）사람의 힘을 가하지 않은 상태
紙面（　　）종이의 겉면	天才（　　）선천적으로 타고난 남보다 뛰어난 재능
地名（　　）땅 이름	天地（　　）하늘과 땅
地方（　　）어느 방면의 땅	天下（　　）하늘 아래 모든 곳
地中海（　　）대륙과 대륙 사이에 낀 바다	靑旗（　　）푸른 깃발
地平線（　　）평평한 대지의 끝과 하늘이 맞닿아 보이는 경계선	靑年（　　）젊은 사람
	淸明（　　）날씨가 맑고 밝음
	靑山（　　）풀과 나무가 무성한 푸른 산

D-26

독 음讀音

淸算（　　） 채무관계를 깨끗이 정리함

靑色（　　） 푸른 색

靑春（　　） 젊은 시절을 이르는 말

淸風（　　） 부드럽고 맑게 부는 바람

體面（　　） 남을 대하는 체제와 면목

體溫（　　） 생물체가 가지고 있는 온도

草家（　　） 볏짚으로 지붕을 인 집

草綠同色（　　　） 풀빛과 녹색은 같은 색이다

草木（　　） 풀과 나무

村夫（　　） 시골에 사는 남자

秋夕（　　） 한가위

春川（　　） 지명

春夏秋冬（　　　　） 봄, 여름, 가을, 겨울

出家（　　） 집을 나가다

出口（　　） 나가는 곳

出動（　　） 일정한 목적을 실행하기 위하여 떠남

出生（　　） 태어남

出席（　　） 어떤 자리에 나아가 참석함

出世（　　） 사회적으로 높은 지위에 오름

出入（　　） 들어가고 나옴

出現（　　） 나타나 보임

親近（　　） 사귀어 지내는 사이가 매우 가까움

親書（　　） 몸소 쓴 글

親庭（　　） 결혼한 여자의 본집

親族（　　） 촌수가 가까운 일가

七夕（　　） 음력 7월 7일

ㅌ 으로 시작하는 한자어漢字語

太古（　　） 아주 오랜 옛날

太陽（　　） 태양계의 중심이 되는 별

太平（　　） 세상이 무사하고 해마다 풍년이 들어 환란이나 질병이 없음

土地（　　） 땅

通讀（　　） 처음부터 끝까지 다 읽음

通路（　　） 통행하는 길

通風（　　） 바람이 통함

通學（　　） 자기 숙소에서 학교에 다니며 배움

特大（　　） 특별히 큼

特使（　　） 특별한 임무를 띠고 파견하는 사절

特性（　　） 특수한 성질

特出（　　） 특별히 뛰어남

ㅍ 으로 시작하는 한자어漢字語

八寸（　　） 아버지 육촌의 자녀와의 촌수

便安（　　） 편리하다

便紙（　　） 안부, 소식, 용무를 적어 보내는 글

平面（　　） 평평한 지면

平生（　　） 살아있는 동안

平安（　　） 무사히 잘 있음

表記（　　） 겉으로 표시하여 기록함

風習（　　） 풍속과 습관

風向（　　） 바람이 부는 방향

ㅎ 으로 시작하는 한자어漢字語

下校（　　） 공부를 끝내고 학교에서 집으로 돌아옴

D-26 독 음讀音

下山（　） 산에서 내려 옴

下午（　） 오후

下車（　） 차에서 내림

學校（　） 교육을 시행하는 기관

學年（　） 1년간의 학기에 따라 구별한 단계

學問（　） 어떤 분야를 체계적으로 배워서 익힘

漢江（　） 우리나라 중부를 흐르는 강

漢文（　） 중국 한 나라 시대의 문장

韓服（　） 우리나라 전통 고유의 옷

漢字（　） 중국 고유의 문자

合同（　） 둘 이상이 합하여 하나가 됨

合班（　） 두 학급 이상이 합침

合席（　） 한 자리에 같이 앉음

海軍（　　） 바다에서 전투 및 방어하기 위하여 조
　　　직된 군대

海水（　） 바닷물

海外（　） 바다를 사이에 두고 떨어져 있는 나라

海草（　） 바다에서 자라나는 풀

行先地（　　） 가는 목적지

幸運（　） 행복한 운명

現代（　） 지금의 시대

現在（　） 지금

兄夫（　） 언니의 남편

兄弟（　） 형과 아우

形體（　） 물건의 생김새와 바탕이 되는 몸

形便（　） 일이 되어가는 상태

形形色色（　　　） 형상과 종류의 가지가지

號數（　） 차례로 매긴 번호

畫家（　） 그림 그리는 것을 전문으로 하는 사람

和答（　） 시나 노래에 응하여 대답함

話術（　） 말재주

和音（　） 높이가 다른 둘 이상의 음이 함께 울릴
　　　때 어울리는 소리

花草（　） 꽃과 풀

和合（　） 화목하게 어울림

活氣（　） 활발한 기운

活動（　） 몸을 움직여 활동함

活力（　） 살아 움직이는 힘

活用（　） 충분히 잘 이용함

活字（　） 금속 윗면에 문자나 기호를 볼록 튀어
　　　나오게 새긴 것

活火山（　　） 계속 화산 활동을 하는 화산

黃金（　） 누런빛의 금

會食（　） 여러 사람이 모여 같이 음식을 먹음

孝道（　） 부모를 잘 섬기는 도리

孝心（　） 효성이 있는 마음

孝子（　） 효도를 하는 자식

後門（　） 뒤쪽에 난 문

後世（　） 뒤의 세상

後食（　） 나중에 먹음

訓話（　） 교훈이나 훈시

休校（　） 어떤 사정에 의하여 학교의 수업을 한때 쉼

休日（　） 쉬는 날

休紙（　） 쓸모없는 종이

休學（　） 학업을 쉼

休火山（　　） 현재는 분화하지 않는 화산

D-25

독 음 讀音

| 독음讀音 쓰기 기출 예상문제 |

> 　독음(讀音) 쓰기는 한자(漢字)나 한자어(漢字語)의 음을 한글로 적는 것입니다. 한자능력검정시험에서 가장 높은 비율로 출제되는 유형으로서 6급Ⅱ는 총 80문항 중 32문항, 6급은 총 90문항 중 33문항이 출제됩니다. 앞장에서 나온 '한자어 독음 익히기' 문제를 통해 평소에 반복 연습을 해두면 문제를 푸는 데 많은 도움이 될 것입니다. 'ㄱ, ㄴ, ㄷ....' 순서대로 제시된 문제들을 풀어보면서 앞장에서 미처 익히지 못한 단어들의 음을 익히세요. 독음 쓰기 문제를 풀 때에는 다음과 같은 사항에 주의하세요.
>
> 　첫째, 독음(讀音)을 쓸 때에는 반드시 정확한 표기법으로 또박또박 써야 합니다. 국어 표기법에 어긋나는 글자는 오답으로 처리하니 조심하세요. 예를 들어 '記入'을 '기입'으로 쓰지 않고 '기잉'으로 쓰면 틀리게 됩니다.
>
> 　둘째, 두음법칙(頭音法則: 우리말에 첫머리에 'ㄹ'이나 'ㄴ'이 오는 것을 꺼리는 현상)에 유의하세요. 예를 들어 '락(樂 : 즐거울 락)'의 경우, '同樂'으로 출제되면 '동락'이라고 쓰면 되지만 '樂園'으로 출제되면 반드시 '낙원'으로 답을 써야 합니다. '락원'으로 써서 오답으로 처리되지 않도록 조심하세요.
>
> 　셋째, 평상시에 발음하는 대로 표기를 하세요. 예를 들여 '十月'이 출제되면 평소에 발음하는 데로 반드시 '시월'이라고 표기해야 합니다. 간혹 '십월'이라고 써서 틀리는 경우가 많습니다.
>
> 　위와 같은 실수들은 앞장에 나온 '한자어 독음 익히기' 연습을 평소에 충실히 하면 해결될 수가 있습니다.

Ⅰ. 다음 漢字語(한자어)의 讀音(독음)을 쓰세요.

〈예(例)〉　漢字 → 한자

(1) 家門 (　　) (2) 家事 (　　) (3) 歌手 (　　) (4) 家長 (　　) (5) 家庭 (　　)

(6) 家族 (　　) (7) 各界 (　　) (8) 各自 (　　) (9) 感氣 (　　) (10) 感動 (　　)

(11) 江南 (　　) (12) 强大 (　　) (13) 强力 (　　) (14) 强弱 (　　) (15) 江村 (　　)

(16) 開放 (　　) (17) 開始 (　　) (18) 開業 (　　) (19) 開閉 (　　) (20) 開學 (　　)

(21) 計算 (　　) (22) 古今 (　　) (23) 高級 (　　) (24) 古代 (　　) (25) 苦樂 (　　)

독 음 讀音

(26) 高速 (　　　) (27) 苦心　(　　　) (28) 高低 (　　　)

(1) 功名　(　　) (2) 工夫　(　　) (3) 工事 (　　) (4) 公式 (　　) (5) 功臣 (　　)
(6) 公園　(　　) (7) 工場　(　　) (8) 空中 (　　) (9) 公平 (　　) (10) 科目(　　)
(11) 果樹 (　　) (12) 果然 (　　) (13) 光明(　　) (14) 光線(　　) (15) 校歌(　　)
(16) 交感 (　　) (17) 敎科 (　　) (18) 校旗(　　) (19) 校內(　　) (20) 敎大(　　)
(21) 校門 (　　) (22) 交信 (　　) (23) 敎室(　　) (24) 敎育(　　) (25) 交通(　　)
(26) 敎訓 (　　)

(1) 國歌　(　　) (2) 國旗　(　　) (3) 國力 (　　) (4) 國立 (　　) (5) 國民 (　　)
(6) 國花　(　　) (7) 軍歌　(　　) (8) 軍旗 (　　) (9) 郡內 (　　) (10) 軍士(　　)
(11) 郡守 (　　) (12) 軍人 (　　) (13) 近來(　　) (14) 根本(　　) (15) 近海(　　)
(16) 今年 (　　) (17) 今日 (　　) (18) 級數(　　) (19) 急行(　　) (20) 氣力(　　)
(21) 記事 (　　) (22) 氣色 (　　) (23) 記入(　　) (24) 記者(　　) (25) 高低(　　)
(26) 高地 (　　) (27) 空間 (　　) (28) 共感(　　) (29) 公共(　　) (30) 空軍(　　)
(31) 校訓 (　　) (32) 區間 (　　) (33) 口頭(　　) (34) 區別(　　) (35) 區分(　　)
(36) 九月 (　　) (37) 國家 (　　) (38) 公金(　　) (39) 空氣(　　)

Ⅱ. 다음 漢字語(한자어)의 讀音(독음)을 쓰세요.

〈예(例)〉　漢字 → 한자

(1) 男女老少(　　) (2) 南東　(　　) (3) 南門 (　　) (4) 南北 (　　) (5) 男子 (　　)
(6) 男便　(　　) (7) 男學生 (　　) (8) 來年 (　　) (9) 內面 (　　) (10) 來世 (　　)
(11) 內室 (　　) (12) 內心 (　　) (13) 內外 (　　) (14) 來日 (　　) (15) 老年 (　　)
(16) 老母 (　　) (17) 老少 (　　) (18) 老弱者 (　　) (19) 老人 (　　) (20) 綠地 (　　)
(21) 農民 (　　) (22) 農夫 (　　) (23) 農事(　　) (24) 農藥(　　) (25) 農地(　　)
(26) 農村 (　　) (27) 農土　(　　)

독 음讀音

Ⅲ. 다음 漢字語(한자어)의 讀音(독음)을 쓰세요.

<예(例)> 漢字 → 한자

(1) 多量   (   )   (2) 多少   (   )   (3) 多幸 (   )   (4) 短命 (   )   (5) 短身 (   )

(6) 答紙   (   )   (7) 對答   (   )   (8) 大洞 (   )   (9) 對等 (   )   (10) 大成 (   )

(11) 大食家 (   )   (12) 代身   (   )   (13) 大臣 (   )   (14) 大洋 (   )   (15) 代用 (   )

(16) 大學   (   )   (17) 大韓   (   )   (18) 待合室 (   )   (19) 代行 (   )   (20) 對話 (   )

(21) 道路   (   )   (22) 道理   (   )   (23) 道立 (   )   (24) 道人 (   )   (25) 道場 (   )

(26) 圖表   (   )   (27) 登山   (   )   (28) 登場 (   )

(1) 讀書   (   )   (2) 讀者   (   )   (3) 洞口 (   )   (4) 同級 (   )   (5) 動力 (   )

(6) 洞里   (   )   (7) 同名   (   )   (8) 東問西答 (   )   (9) 動物 (   )   (10) 洞民 (   )

(11) 東西   (   )   (12) 同姓   (   )   (13) 同數 (   )   (14) 同時 (   )   (15) 童心 (   )

(16) 同心   (   )   (17) 東洋   (   )   (18) 同一 (   )   (19) 冬日 (   )   (20) 冬天 (   )

(21) 東海   (   )   (22) 童話   (   )   (23) 頭角 (   )   (24) 登校 (   )   (25) 等分 (   )

Ⅳ. 다음 漢字語(한자어)의 讀音(독음)을 쓰세요.

<예(例)> 漢字 → 한자

(1) 萬國旗 (   )   (2) 萬里   (   )   (3) 萬物 (   )   (4) 萬病 (   )   (5) 萬事 (   )

(6) 每年   (   )   (7) 每番   (   )   (8) 每事 (   )   (9) 每時 (   )   (10) 每月 (   )

(11) 每日   (   )   (12) 面前   (   )   (13) 面會 (   )   (14) 命名 (   )   (15) 明明白白 (   )

(16) 名文   (   )   (17) 名物   (   )   (18) 名所 (   )   (19) 名言 (   )   (20) 母子 (   )

(21) 目禮   (   )   (22) 目前   (   )   (23) 木花 (   )   (24) 文科 (   )   (25) 問答 (   )

(26) 文物   (   )   (27) 文章   (   )   (28) 問題 (   )   (29) 文學 (   )   (30) 美食家 (   )

(31) 米飮   (   )   (32) 美人   (   )

D-25

독 음 讀音

Ⅴ. 다음 漢字語(한자어)의 讀音(독음)을 쓰세요.

<예(例)>　漢字 → 한자

(1) 反對　(　　) (2) 反省　(　　) (3) 班長　(　　) (4) 發光　(　　) (5) 發明 (　　)
(6) 發病　(　　) (7) 發生　(　　) (8) 發信　(　　) (9) 發表　(　　) (10) 方今(　　)
(11) 方面　(　　) (12) 方式　(　　) (13) 放學(　　) (14) 白旗(　　) (15) 百年(　　)
(16) 白米　(　　) (17) 百方　(　　) (18) 白雪(　　) (19) 百姓(　　) (20) 白衣民族(　　)
(21) 白晝　(　　) (22) 白紙　(　　) (23) 不問　(　　) (24) 不安(　　) (25) 不便 (　　)
(26) 不平　(　　) (27) 不幸　(　　) (28) 不孝(　　)

(1) 番號　(　　) (2) 便所　(　　) (3) 別名　(　　) (4) 別世　(　　) (5) 病室 (　　)
(6) 服用　(　　) (7) 本名　(　　) (8) 本性　(　　) (9) 本業　(　　) (10) 父母(　　)
(11) 部分　(　　) (12) 父王　(　　) (13) 夫人　(　　) (14) 不自然(　　) (15) 不正 (　　)
(16) 不足　(　　) (17) 父兄　(　　) (18) 北海(　　) (19) 分野　(　　) (20) 分業(　　)

Ⅵ. 다음 漢字語(한자어)의 讀音(독음)을 쓰세요.

<예(例)>　漢字 → 한자

(1) 社交　(　　) (2) 事物　(　　) (3) 四方　(　　) (4) 死別　(　　) (5) 使用 (　　)
(6) 死活　(　　) (7) 社會　(　　) (8) 山林　(　　) (9) 山水　(　　) (10) 算數(　　)
(11) 山川草木(　　) (12) 山村　(　　) (13) 算出　(　　) (14) 三角形(　　) (15) 三寸 (　　)
(16) 上空　(　　) (17) 上衣　(　　) (18) 上下左右(　　) (19) 色色　(　　) (20) 色紙(　　)
(21) 生命　(　　) (22) 生花　(　　) (23) 生母　(　　) (24) 生育(　　) (25) 生日 (　　)

(1) 生活　(　　) (2) 書堂　(　　) (3) 西海　(　　) (4) 書畫　(　　) (5) 石頭 (　　)
(6) 夕食　(　　) (7) 夕陽　(　　) (8) 石油　(　　) (9) 先山　(　　) (10) 先生(　　)
(11) 先祖　(　　) (12) 雪景　(　　) (13) 成功　(　　) (14) 成果(　　) (15) 姓名 (　　)
(16) 世界　(　　) (17) 世道　(　　) (18) 世上萬事(　　) (19) 少女　(　　) (20) 所聞(　　)

D-25

독 음讀音

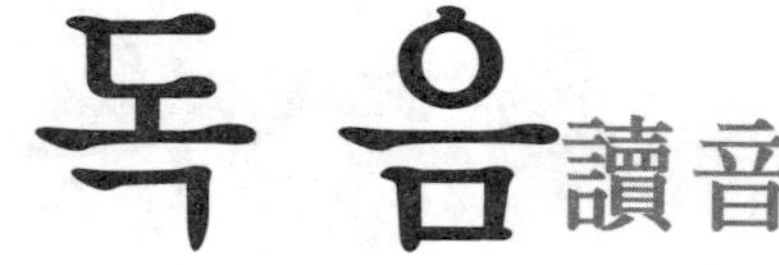

(21) 消失 (　　) (22) 小便 (　　) (23) 小人(　　) (24) 所有(　　) (25) 所在地(　　)

(1) 所重 (　　) (2) 消化 (　　) (3) 消火 (　　) (4) 速度 (　　) (5) 速讀 (　　)
(6) 速力 (　　) (7) 孫子 (　　) (8) 手工 (　　) (9) 手記 (　　) (10) 手動(　　)
(11) 樹木 (　　) (12) 水石 (　　) (13) 手術(　　) (14) 手足(　　) (15) 手中 (　　)
(16) 數學 (　　) (17) 手話 (　　) (18) 勝利(　　) (19) 勝算(　　) (20) 勝者(　　)
(21) 時間 (　　) (22) 時計 (　　) (23) 時空(　　) (24) 時急(　　) (25) 市立 (　　)
(26) 市民 (　　) (27) 時事 (　　) (28) 始作(　　)

(1) 市場 (　　) (2) 食口 (　　) (3) 食堂 (　　) (4) 植木日(　　) (5) 食事 (　　)
(6) 食生活 (　　) (7) 食水 (　　) (8) 植樹 (　　) (9) 食飮 (　　) (10) 式場(　　)
(11) 新年 (　　) (12) 神童 (　　) (13) 新綠(　　) (14) 新聞(　　) (15) 新式 (　　)
(16) 信用 (　　) (17) 信者 (　　) (18) 身長(　　) (19) 室內(　　) (20) 失禮 (　　)
(21) 失明 (　　) (22) 失手 (　　) (23) 失神(　　) (24) 失言(　　) (25) 失業 (　　)
(26) 心中 (　　) (27) 十年 (　　) (28) 十日(　　)

D-24

훈 음訓音

2. 훈訓 · 음音

| 훈음 쓰기 기출 예상문제 |

훈(訓)·음(音) 쓰기는 글자의 '뜻과 음'을 함께 쓰는 것을 말합니다. 6급Ⅱ는 총 80문항 중 29문항, 6급은 총 90문항 중 22문항이 출제되어 독음쓰기 다음으로 높은 비중을 차지합니다. 앞에 나온 배정한자의 쓰기 연습을 할 때 훈(訓)과 음(音)을 익히는 연습을 평소에 철저히 해 두시기 바랍니다.

주의할 점은 반드시 정확한 표기법으로 원래의 음을 써야 한다는 것입니다. 예를 들어, '北'을 '북녁 북'이라 하지 않고 '북녁 북'이라고 하면 틀립니다. 또한 '女'를 '계집 녀'라 하지 않고 '계집 여'라고 써서 틀리는 경우도 많습니다.

Ⅰ. 다음 漢字(한자)의 訓(훈 : 뜻)과 音(음 : 소리)을 쓰세요.

<예(例)> 字 → 글자 자

(1) 禮 (   ) (2) 部 (   ) (3) 雪 (   ) (4) 行 (   ) (5) 黃 (   )
(6) 弱 (   ) (7) 少 (   ) (8) 全 (   ) (9) 足 (   ) (10) 遠 (   )
(11) 洋 (   ) (12) 章 (   ) (13) 在 (   ) (14) 體 (   ) (15) 目 (   )
(16) 油 (   ) (17) 第 (   ) (18) 向 (   ) (19) 根 (   ) (20) 堂 (   )
(21) 活 (   ) (22) 信 (   ) (23) 夕 (   ) (24) 永 (   ) (25) 失 (   )
(26) 陽 (   ) (27) 今 (   ) (28) 戰 (   ) (29) 有 (   ) (30) 短 (   )

Ⅱ. 다음 漢字(한자)의 訓(훈 : 뜻)과 音(음 : 소리)을 쓰세요.

<예(例)> 字 → 글자 자

(1) 苦 (   ) (2) 注 (   ) (3) 米 (   ) (4) 形 (   ) (5) 昨 (   )
(6) 淸 (   ) (7) 電 (   ) (8) 然 (   ) (9) 全 (   ) (10) 綠 (   )
(11) 速 (   ) (12) 孝 (   ) (13) 海 (   ) (14) 形 (   ) (15) 信 (   )

D-24

훈 음 訓音

(16) 食 (　　　) (17) 在 (　　　) (18) 來 (　　　) (19) 待 (　　　) (20) 計 (　　　)

(21) 祖 (　　　) (22) 夏 (　　　) (23) 邑 (　　　) (24) 陽 (　　　) (25) 神 (　　　)

(26) 和 (　　　) (27) 窓 (　　　) (28) 別 (　　　) (29) 章 (　　　) (30) 重 (　　　)

Ⅲ. 다음 漢字(한자)의 訓(훈 : 뜻)과 音(음 : 소리)을 쓰세요.

> 〈예(例)〉 字 → 글자 자

(1) 全 (　　　) (2) 體 (　　　) (3) 注 (　　　) (4) 親 (　　　) (5) 話 (　　　)

(6) 里 (　　　) (7) 待 (　　　) (8) 頭 (　　　) (9) 成 (　　　) (10) 習 (　　　)

(11) 長 (　　　) (12) 文 (　　　) (13) 目 (　　　) (14) 來 (　　　) (15) 右 (　　　)

(16) 力 (　　　) (17) 秋 (　　　) (18) 火 (　　　) (19) 發 (　　　) (20) 本 (　　　)

(21) 夫 (　　　) (22) 石 (　　　) (23) 淸 (　　　) (24) 立 (　　　) (25) 圖 (　　　)

(26) 林 (　　　) (27) 第 (　　　) (28) 集 (　　　) (29) 章 (　　　) (30) 角 (　　　)

Ⅳ. 다음 漢字(한자)의 訓(훈 : 뜻)과 音(음 : 소리)을 쓰세요.

> 〈예(例)〉 字 → 글자 자

(1) 老 (　　　) (2) 重 (　　　) (3) 植 (　　　) (4) 命 (　　　) (5) 空 (　　　)

(6) 算 (　　　) (7) 幸 (　　　) (8) 英 (　　　) (9) 習 (　　　) (10) 速 (　　　)

(11) 親 (　　　) (12) 集 (　　　) (13) 半 (　　　) (14) 名 (　　　) (15) 理 (　　　)

(16) 陽 (　　　) (17) 音 (　　　) (18) 畫 (　　　) (19) 間 (　　　) (20) 計 (　　　)

(21) 大 (　　　) (22) 民 (　　　) (23) 夏 (　　　) (24) 風 (　　　) (25) 光 (　　　)

(26) 多 (　　　) (27) 形 (　　　) (28) 雪 (　　　) (29) 路 (　　　) (30) 出 (　　　)

Ⅴ. 다음 漢字(한자)의 訓(훈 : 뜻)과 音(음 : 소리)을 쓰세요.

> 〈예(例)〉 字 → 글자 자

(1) 消 (　　　) (2) 然 (　　　) (3) 速 (　　　) (4) 綠 (　　　) (5) 對 (　　　)

D-24

훈 음 訓音

(6) 頭 (　　　) (7) 雪 (　　　) (8) 形 (　　　) (9) 孝 (　　　) (10) 戰 (　　　)
(11) 習 (　　　) (12) 電 (　　　) (13) 休 (　　　) (14) 特 (　　　) (15) 才 (　　　)
(16) 待 (　　　) (17) 米 (　　　) (18) 意 (　　　) (19) 直 (　　　) (20) 村 (　　　)
(21) 定 (　　　) (22) 由 (　　　) (23) 信 (　　　) (24) 業 (　　　) (25) 術 (　　　)
(26) 午 (　　　) (27) 方 (　　　) (28) 永 (　　　) (29) 社 (　　　) (30) 者 (　　　)

Ⅵ. 다음 漢字(한자)의 訓(훈 : 뜻)과 音(음 : 소리)을 쓰세요.

〈예(例)〉 字 → 글자 자

(1) 植 (　　　) (2) 時 (　　　) (3) 勇 (　　　) (4) 形 (　　　) (5) 現 (　　　)
(6) 然 (　　　) (7) 式 (　　　) (8) 姓 (　　　) (9) 遠 (　　　) (10) 油 (　　　)
(11) 安 (　　　) (12) 園 (　　　) (13) 朝 (　　　) (14) 庭 (　　　) (15) 雪 (　　　)
(16) 登 (　　　) (17) 空 (　　　) (18) 淸 (　　　) (19) 幸 (　　　) (20) 光 (　　　)
(21) 話 (　　　) (22) 洋 (　　　) (23) 運 (　　　) (24) 育 (　　　) (25) 直 (　　　)
(26) 住 (　　　) (27) 銀 (　　　) (28) 土 (　　　) (29) 代 (　　　) (30) 童 (　　　)

Ⅶ. 다음 漢字(한자)의 訓(훈 : 뜻)과 音(음 : 소리)을 쓰세요.

〈예(例)〉 字 → 글자 자

(1) 平 (　　　) (2) 所 (　　　) (3) 身 (　　　) (4) 川 (　　　) (5) 會 (　　　)
(6) 草 (　　　) (7) 白 (　　　) (8) 明 (　　　) (9) 海 (　　　) (10) 主 (　　　)
(11) 由 (　　　) (12) 發 (　　　) (13) 章 (　　　) (14) 昨 (　　　) (15) 紙 (　　　)
(16) 邑 (　　　) (17) 夏 (　　　) (18) 民 (　　　) (19) 朴 (　　　) (20) 堂 (　　　)
(21) 話 (　　　) (22) 洋 (　　　) (23) 運 (　　　) (24) 育 (　　　) (25) 直 (　　　)
(26) 住 (　　　) (27) 淸 (　　　) (28) 土 (　　　) (29) 代 (　　　) (30) 形 (　　　)

D-24

훈 음 訓音

VIII. 다음 漢字(한자)의 訓(훈 : 뜻)과 音(음 : 소리)을 쓰세요.

〈예(例)〉 字 → 글자 자

---

(1) 空 (   ) (2) 作 (   ) (3) 體 (   ) (4) 陽 (   ) (5) 始 (   )

(6) 昨 (   ) (7) 溫 (   ) (8) 例 (   ) (9) 共 (   ) (10) 等 (   )

(11) 問 (   ) (12) 然 (   ) (13) 活 (   ) (14) 綠 (   ) (15) 業 (   )

(16) 紙 (   ) (17) 育 (   ) (18) 方 (   ) (19) 休 (   ) (20) 命 (   )

(21) 村 (   ) (22) 頭 (   ) (23) 庭 (   ) (24) 通 (   ) (25) 定 (   )

(26) 會 (   ) (27) 待 (   ) (28) 根 (   ) (29) 登 (   ) (30) 世 (   )

IX. 다음 漢字(한자)의 訓(훈 : 뜻)과 音(음 : 소리)을 쓰세요.

〈예(例)〉 字 → 글자 자

---

(1) 病 (   ) (2) 遠 (   ) (3) 訓 (   ) (4) 昨 (   ) (5) 弱 (   )

(6) 黃 (   ) (7) 號 (   ) (8) 物 (   ) (9) 番 (   ) (10) 會 (   )

(11) 飮 (   ) (12) 作 (   ) (13) 綠 (   ) (14) 族 (   ) (15) 油 (   )

(16) 角 (   ) (17) 住 (   ) (18) 休 (   ) (19) 自 (   ) (20) 歌 (   )

(21) 計 (   ) (22) 軍 (   ) (23) 班 (   ) (24) 淸 (   ) (25) 急 (   )

(26) 直 (   ) (27) 定 (   ) (28) 事 (   ) (29) 米 (   ) (30) 勇 (   )

X. 다음 漢字(한자)의 訓(훈 : 뜻)과 音(음 : 소리)을 쓰세요.

〈예(例)〉 字 → 글자 자

---

(1) 同 (   ) (2) 登 (   ) (3) 面 (   ) (4) 算 (   ) (5) 苦 (   )

(6) 近 (   ) (7) 待 (   ) (8) 童 (   ) (9) 綠 (   ) (10) 番 (   )

(11) 晝 (   ) (12) 禮 (   ) (13) 庭 (   ) (14) 果 (   ) (15) 李 (   )

(16) 向 (   ) (17) 然 (   ) (18) 每 (   ) (19) 圖 (   ) (20) 待 (   )

(21) 定 (   ) (22) 習 (   ) (23) 由 (   ) (24) 理 (   ) (25) 飮 (   )

D-24 훈 음 訓音

(26) 太 (　　　) (27) 英 (　　　) (28) 堂 (　　　) (29) 光 (　　　) (30) 洋 (　　　)

XI. 다음 漢字(한자)의 訓(훈 : 뜻)과 音(음 : 소리)을 쓰세요.

〈예(例)〉　字 → 글자 자

(1) 林 (　　　) (2) 育 (　　　) (3) 綠 (　　　) (4) 紙 (　　　) (5) 安 (　　　)
(6) 命 (　　　) (7) 方 (　　　) (8) 住 (　　　) (9) 活 (　　　) (10) 愛 (　　　)
(11) 服 (　　　) (12) 消 (　　　) (13) 發 (　　　) (14) 利 (　　　) (15) 省 (　　　)
(16) 有 (　　　) (17) 川 (　　　) (18) 勇 (　　　) (19) 溫 (　　　) (20) 和 (　　　)
(21) 足 (　　　) (22) 席 (　　　) (23) 用 (　　　) (24) 風 (　　　) (25) 醫 (　　　)
(26) 書 (　　　) (27) 樹 (　　　) (28) 讀 (　　　) (29) 永 (　　　) (30) 現 (　　　)

D-23

반의어 反義語

3. 반의어反義語

| 반의어反義語 익히기 |

ㄱ 으로 시작하는 한자漢字

(   ) 江 ↔ 山 ： 강 ↔ 산   (   ) 强 ↔ 弱 ： 강하다 ↔ 약하다

(   ) 古 ↔ 今 ： 옛날 ↔ 오늘날   (   ) 苦 ↔ 樂 ： 괴롭다 ↔ 즐겁다

(   ) 空 ↔ 海 ： 하늘 ↔ 바다   (   ) 敎 ↔ 學 ： 가르치다 ↔ 배우다

(   ) 國 ↔ 家 ： 나라 ↔ 집

ㄴ 으로 시작하는 한자漢字

(   ) 男 ↔ 女 ： 남자 ↔ 여자   (   ) 南 ↔ 北 ： 남쪽 ↔ 북쪽

(   ) 內 ↔ 外 ： 안 ↔ 바깥   (   ) 勞 ↔ 使 ： 일하다 ↔ 부리다

(   ) 老 ↔ 少 ： 늙다 ↔ 젊다

ㄷ 으로 시작하는 한자漢字

(   ) 多 ↔ 少 ： 많다 ↔ 적다   (   ) 大 ↔ 小 ： 크다 ↔ 작다

(   ) 東 ↔ 西 ： 동쪽 ↔ 서쪽   (   ) 冬 ↔ 夏 ： 겨울 ↔ 여름

(   ) 登 ↔ 下 ： 오르다 ↔ 내리다

ㅁ 으로 시작하는 한자漢字

(   ) 母 ↔ 女 ： 어머니 ↔ 계집(딸)   (   ) 問 ↔ 答 ： 물어보다 ↔ 대답하다

(   ) 物 ↔ 心 ： 물건 ↔ 마음

D-23

반의어 反義語

ㅂ 으로 시작하는 한자漢字

( )　父 ↔ 母　:　아버지 ↔ 어머니　　　( )　父 ↔ 子　:　아버지 ↔ 아들
( )　不 ↔ 正　:　아니다 ↔ 바르다

ㅅ 으로 시작하는 한자漢字

( )　死 ↔ 活　:　죽다 ↔ 살다　　　( )　山 ↔ 川　:　산 ↔ 내
( )　山 ↔ 海　:　산 ↔ 바다　　　( )　上 ↔ 下　:　위 ↔ 아래
( )　生 ↔ 死　:　살다 ↔ 죽다　　　( )　先 ↔ 後　:　먼저 ↔ 뒤
( )　手 ↔ 足　:　손 ↔ 발　　　( )　水 ↔ 火　:　물 ↔ 불
( )　心 ↔ 身　:　몸 ↔ 마음

ㅇ 으로 시작하는 한자漢字

( )　言 ↔ 行　:　말 ↔ 행동　　　( )　遠 ↔ 近　:　멀다 ↔ 가깝다
( )　日 ↔ 月　:　해 ↔ 달

ㅈ 으로 시작하는 한자漢字

( )　子 ↔ 女　:　아들 ↔ 딸　　　( )　長 ↔ 短　:　길다 ↔ 짧다
( )　戰 ↔ 和　:　싸우다 ↔ 화하다　　　( )　前 ↔ 後　:　앞 ↔ 뒤
( )　正 ↔ 反　:　바르다 ↔ 돌이키다　　　( )　朝 ↔ 夕　:　아침 ↔ 저녁
( )　祖 ↔ 孫　:　할아버지 ↔ 손자　　　( )　左 ↔ 右　:　왼쪽 ↔ 오른쪽
( )　晝 ↔ 夜　:　낮 ↔ 밤

반의어 反義語

D-23

반의어 反義語

ㅊ 으로 시작하는 한자漢字

(   ) 天 ↔ 地 ： 하늘 ↔ 땅
(   ) 春 ↔ 秋 ： 봄 ↔ 가을

(   ) 草 ↔ 木 ： 풀 ↔ 나무
(   ) 出 ↔ 入 ： 나가다 ↔ 들어오다

ㅎ 으로 시작하는 한자漢字

(   ) 合 ↔ 班 ： 합하다 ↔ 나누다

(   ) 兄 ↔ 弟 ： 형 ↔ 아우

D-22

반의어 反義語

| 반의어反義語 쓰기 기출 예상문제 |

주어진 한자(漢字)의 정확한 뜻을 파악한 후에 제시된 글자와 뜻이 반대되는 글자를 찾는 문제입니다. 6급Ⅱ는 총 80문항 중 2문항, 6급은 총 90문항 중 3문항이 출제됩니다. 6급Ⅱ와 6급 모두 〈보기〉형으로 출제되며 한 글자로만 문제로 제시됩니다. 평상시에 한자(漢字)를 익힐 때, 훈(訓)과 음(音)을 정확하게 익히는 연습을 하세요. '반의어' 유형에 나오는 문제는 한정되어 있습니다. 앞장에 나온 '반의어 익히기'의 단어들을 잘 익히면 이 유형은 어렵지 않게 풀 수 있는 문제들입니다.

A형(6급Ⅱ)

Ⅰ. 뜻이 서로 상대 또는 반대되는 漢字(한자)를 〈예〉에서 골라 그 번호를 답안지에 쓰세요.

〈예(例)〉 ① 後 ② 入 ③ 晝 ④ 弱 ⑤ 弟 ⑥ 外

(1) 夜 (　　)　　　　(2) 前 (　　)　　　　(3) 出 (　　)

Ⅱ. 뜻이 서로 상대 또는 반대되는 漢字(한자)를 〈예〉에서 골라 그 번호를 답안지에 쓰세요.

〈예(例)〉 ① 小 ② 右 ③ 少 ④ 弱 ⑤ 弟 ⑥ 春

(1) 左 (　　)　　　　(2) 老 (　　)　　　　(3) 秋 (　　)

Ⅲ. 뜻이 서로 상대 또는 반대되는 漢字(한자)를 〈예〉에서 골라 그 번호를 답안지에 쓰세요.

〈예(例)〉 ① 強 ② 夕 ③ 不 ④ 班 ⑤ 苦 ⑥ 祖

(1) 合 (　　)　　　　(2) 弱 (　　)　　　　(3) 孫 (　　)

D-22

반의어 反義語

Ⅳ. 뜻이 서로 상대 또는 반대되는 漢字(한자)를 〈예〉에서 골라 그 번호를 답안지에 쓰세요.

〈예(例)〉 ① 問 ② 弱 ③ 少 ④ 苦 ⑤ 弟 ⑥ 夕

(1) 答 (   )   (2) 樂 (   )   (3) 强 (   )

Ⅴ. 뜻이 서로 상대 또는 반대되는 漢字(한자)를 〈예〉에서 골라 그 번호를 답안지에 쓰세요.

〈예(例)〉 ① 近 ② 外 ③ 短 ④ 後 ⑤ 弟 ⑥ 少

(1) 兄 (   )   (2) 多 (   )   (3) 內 (   )

Ⅵ. 뜻이 서로 상대 또는 반대되는 漢字(한자)를 〈예〉에서 골라 그 번호를 답안지에 쓰세요.

〈예(例)〉 ① 夜 ② 入 ③ 少 ④ 活 ⑤ 在 ⑥ 後

(1) 死 (   )   (2) 前 (   )   (3) 老 (   )

Ⅶ. 뜻이 서로 상대 또는 반대되는 漢字(한자)를 〈예〉에서 골라 그 번호를 답안지에 쓰세요.

〈예(例)〉 ① 春 ② 夜 ③ 女 ④ 苦 ⑤ 樂 ⑥ 弟

(1) 兄 (   )   (2) 晝 (   )   (3) 秋 (   )

Ⅷ. 뜻이 서로 상대 또는 반대되는 漢字(한자)를 〈예〉에서 골라 그 번호를 답안지에 쓰세요.

〈예(例)〉 ① 近 ② 古 ③ 母 ④ 弱 ⑤ 山 ⑥ 前

(1) 遠 (   )   (2) 江 (   )   (3) 後 (   )

Ⅸ. 뜻이 서로 상대 또는 반대되는 漢字(한자)를 〈예〉에서 골라 그 번호를 답안지에 쓰세요.

〈예(例)〉 ① 長 ② 祖 ③ 少 ④ 右 ⑤ 弟 ⑥ 夕

D-22

반의어 反義語

(1) 朝 (　　)　　　(2) 短 (　　)　　　(3) 孫 (　　)

X. 뜻이 서로 상대 또는 반대되는 漢字(한자)를 〈예〉에서 골라 그 번호를 답안지에 쓰세요.

〈예(例)〉　① 少　② 入　③ 孝　④ 身　⑤ 前　⑥ 父

(1) 心 (　　)　　　(2) 母 (　　)　　　(3) 老 (　　)

XI. 뜻이 서로 상대 또는 반대되는 漢字(한자)를 〈예〉에서 골라 그 번호를 답안지에 쓰세요.

〈예(例)〉　① 來　② 下　③ 南　④ 來　⑤ 右　⑥ 前

(1) 後 (　　)　　　(2) 北 (　　)　　　(3) 上 (　　)

B형(6급)

Ⅰ. 다음 漢字의 反對 또는 相對字를 골라 번호를 쓰세요.

(1) 遠 (　　)　　　① 小　② 近　③ 少　④ 弱
(2) 兄 (　　)　　　① 第　② 弟　③ 朝　④ 先
(3) 死 (　　)　　　① 外　② 千　③ 右　④ 生

Ⅱ. 다음 漢字의 反對 또는 相對字를 골라 번호를 쓰세요.

(1) 後 (　　)　　　① 世　② 前　③ 弱　④ 下
(2) 強 (　　)　　　① 弱　② 話　③ 土　④ 不
(3) 右 (　　)　　　① 小　② 秋　③ 左　④ 永

Ⅲ. 다음 漢字의 反對 또는 相對字를 골라 번호를 쓰세요.

(1) 弱 (　　)　　　① 育　② 強　③ 左　④ 記

D-22

반의어 反義語

(2) 冬 ( )　　　① 夏　② 分　③ 春　④ 永
(3) 言 ( )　　　① 問　② 月　③ 後　④ 行

Ⅳ. 다음 漢字의 反對 또는 相對字를 골라 번호를 쓰세요.

(1) 手 ( )　　　① 足　② 冬　③ 左　④ 族
(2) 老 ( )　　　① 小　② 少　③ 中　④ 永
(3) 新 ( )　　　① 長　② 高　③ 左　④ 古

Ⅴ. 다음 漢字의 反對 또는 相對字를 골라 번호를 쓰세요.

(1) 今 ( )　　　① 工　② 古　③ 左　④ 界
(2) 春 ( )　　　① 秋　② 夏　③ 冬　④ 大
(3) 問 ( )　　　① 前　② 秋　③ 答　④ 開

Ⅵ. 다음 漢字의 反對 또는 相對字를 골라 번호를 쓰세요.

(1) 晝 ( )　　　① 放　② 夜　③ 半　④ 病
(2) 多 ( )　　　① 足　② 萬　③ 少　④ 族
(3) 外 ( )　　　① 內　② 冬　③ 安　④ 記

Ⅶ. 다음 漢字의 反對 또는 相對字를 골라 번호를 쓰세요.

(1) 南 ( )　　　① 東　② 西　③ 北　④ 族
(2) 近 ( )　　　① 弱　② 遠　③ 長　④ 問
(3) 先 ( )　　　① 後　② 冬　③ 本　④ 信

D-22 반의어 反義語

한자능력검정시험　　　　유형별 기출문제 실전연습 6·6급 II

VIII. 다음 漢字의 反對 또는 相對字를 골라 번호를 쓰세요.

(1) 苦 (　)　　　① 夏　② 古　③ 樂　④ 族
(2) 足 (　)　　　① 手　② 冬　③ 千　④ 十
(3) 短 (　)　　　① 足　② 長　③ 始　④ 用

IX. 다음 漢字의 反對 또는 相對字를 골라 번호를 쓰세요.

(1) 少 (　)　　　① 長　② 火　③ 老　④ 月
(2) 祖 (　)　　　① 足　② 孫　③ 左　④ 夏
(3) 火 (　)　　　① 方　② 五　③ 水　④ 夜

완성형完成型

4. 완성형完成型

| 완성형完成型 단어 익히기 |

ㄱ 으로 시작하는 한자漢字

家內工業 ( )	집 안에서 단순한 기술과 도구로써 작은 규모로 운영되는 수공업	
家庭教育 ( )	가정에서 집안 어른들이 자식들에게 주는 영향이나 가르침	
各人各色 ( )	사람마다 모두 다름	
古代神話 ( )	국가의 기원이나 역사 이전 민족사 등의 전하여 오는 설화	
高等動物 ( )	복잡한 체제를 갖춘 동물	
高速道路 ( )	차의 빠른 통행을 위하여 만든 차 전용 도로	
公共場所 ( )	공중이 함께 사용하는 곳	
共同生活 ( )	여러 사람이 모여서 서로 협력하여 사는 생활	
公立學校 ( )	지방 공공단체가 설립하여 운영하는 학교	
公明正大 ( )	하는 일이나 행동이 사사로움이 없이 떳떳하고 바름	
交通信號 ( )	교차로나 횡단보도, 건널목 따위에서 사람이나 차량이 질서있게 길을 가도록 표시를 나타냄	
交通安全 ( )	교통질서와 법규를 잘 지켜 사고를 미리 예방함	
教學相長 ( )	가르치고 배우면서 서로를 성장하게 함	
九死一生 ( )	여러 차례 죽을 고비를 넘기고 겨우 살아남	
國民年金 ( )	일정 기간이나 죽을 때까지 해마다 지급되는 일정액의 돈	

ㄴ 으로 시작하는 한자漢字

南男北女 ( )	남쪽 지방은 남자가 잘나고 북쪽 지방은 여자가 아름다움	
男女老少 ( )	남자와 여자, 늙은이와 젊은이, 모든 사람	
男女有別 ( )	남자와 여자 사이에 분별이 있어야 함을 이르는 말	

완성형 完成型

男中一色（　　　）　　　남자의 얼굴이 뛰어나게 잘 생긴 것을 이름

綠水靑山（　　　）　　　푸른 물과 푸른 산

ㄷ 으로 시작하는 한자漢字

多聞多讀（　　　）　　　많이 듣고 많이 읽음

代代孫孫（　　　）　　　오래도록 내려오는 여러 대

大明天地（　　　）　　　아주 환하게 밝은 세상

大書特筆（　　　）　　　특히 드러나게 큰 글자로 적음

大韓民國（　　　）　　　우리나라의 이름

同苦同樂（　　　）　　　괴로움과 즐거움을 함께 함

東問西答（　　　）　　　묻는 말에 대하여 아주 딴판인 엉뚱한 대답을 함

同生共死（　　　）　　　서로 같이 살고 같이 죽음

東西古今（　　　）　　　동양이나 서양, 옛날이나 오늘날을 통틀어 일컬음

東西南北（　　　）　　　동쪽, 서쪽, 남쪽, 북쪽 사방을 가리킴

同姓同本（　　　）　　　성씨와 본이 모두 같음

同時多發（　　　）　　　같은 시간이나 시기에 여럿이 일어남

ㅁ 으로 시작하는 한자漢字

萬國信號（　　　）　　　배와 배 사이 또는 배와 육지 사이의 연락을 위하여 국제적으로 쓰는 신호

萬里長天（　　　）　　　아득히 높고 먼 하늘

名山大川（　　　）　　　이름난 산과 내

無所不知（　　　）　　　모르는 것이 없음

聞一知十（　　　）　　　'하나를 들으면 열을 안다' 는 뜻으로 매우 총명한 사람을 뜻함

門前成市（　　　）　　　문 앞이 시장을 이룰 정도로 사람이 많음

D-21

완성형完成型

ㅂ 으로 시작하는 한자漢字

百年大計 ( )	먼 장래를 내다보고 세우는 계획
百萬大軍 ( )	아주 많은 병사로 조직된 군대를 이르는 말
百萬長者 ( )	재산이 아주 많은 사람이나 큰 부자
白面書生 ( )	글만 읽고 세상일에는 경험이 없는 사람
百發百中 ( )	백번 쏘아 백번 맞힌다는 뜻으로 계획이나 예측이 생각대로 잘 들어맞음을 이르는 말
白衣民族 ( )	예로부터 흰옷을 즐겨 입는 데서 한민족을 이르는 말
百戰百勝 ( )	싸울 때마다 모조리 이김
別有天地 ( )	딴 세상
父母兄弟 ( )	아버지, 어머니, 형, 아우로 가족을 이르는 말
父子有親 ( )	아버지와 아들 사이가 친해야 한다는 말
不老長生 ( )	늙지 아니하고 오래 삶
不立文字 ( )	말이나 글에 의지하지 않는다는 말
不遠千里 ( )	천리를 멀다고 여기지 아니함

ㅅ 으로 시작하는 한자漢字

四面春風 ( )	사람들에게 두루두루 좋게 대하는 것
四方八方 ( )	여기저기 모든 방향이나 방면
四海兄弟 ( )	온 세상 사람들이 모두 형제와 같다는 뜻
山高水長 ( )	산처럼 높고 강물처럼 길다는 말
山戰水戰 ( )	산에서의 싸움과 물에서의 싸움
山川草木 ( )	산과 내와 풀과 나무
三三五五 ( )	서넛 또는 대여섯 명씩 무리지어 다니는 것
三十六計 ( )	몸을 안전하게 하기 위해서는 도망치는 것이 최상책
上下左右 ( )	위, 아래, 왼쪽, 오른쪽으로 모든 방향을 이름
生年月日 ( )	태어난 해와 태어난 달, 태어난 날짜

D-21 완성형 完成型

生老病死 (　　　)　　나고 늙고 병들고 죽는 네 가지 고통

生面不知 (　　　)　　서로 만나 본 일이 없어 도무지 알지 못함

生死苦樂 (　　　)　　삶과 죽음, 괴로움과 즐거움을 이름

世界平和 (　　　)　　전 세계가 평온하고 화목함

世上萬事 (　　　)　　세상에서 일어나는 온갖 일

時間問題 (　　　)　　이미 결과가 드러나서 조만간 저절로 해결될 문제

市民社會 (　　　)　　자유롭고 평등한 개인의 이성적 결합으로 이루어진 사회

新聞記者 (　　　)　　신문에 실을 자료를 수집, 취재, 집필, 편집하는 사람

身土不二 (　　　)　　'몸과 땅은 둘이 아니다'는 뜻으로 자기 나라에서 생산되는 농산물을 먹어야 한다는 뜻

十年知己 (　　　)　　오래 전부터 사귀어온 친구

十中八九 (　　　)　　열 가운데 아홉이나 열

ㅇ 으로 시작하는 한자漢字

安心立命 (　　　)　　하찮은 일에 흔들리지 않는 경지

愛國愛族 (　　　)　　나라와 민족을 사랑함

野生動物 (　　　)　　산이나 들에서 저절로 나서 자라는 동물

年中行事 (　　　)　　해마다 일정한 시기를 정하여 놓고 하는 행사

樂山樂水 (　　　)　　산을 좋아하고 물을 좋아함

月下老人 (　　　)　　부부의 인연을 맺어준다는 전설 속의 노인

有口無言 (　　　)　　입이 있어도 할말이 없다는 뜻

以心傳心 (　　　)　　마음에서 마음으로 전함

以熱治熱 (　　　)　　열은 열로써 다스린다는 말

二八靑春 (　　　)　　열여섯 살 무렵의 꽃다운 청춘

人命在天 (　　　)　　사람이 죽고 사는 것은 하늘에 달려 있음

人事不省 (　　　)　　자기 몸에 벌어지는 일을 모를 만큼 정신을 잃은 상태

人山人海 (　　　)　　사람이 많이 모인 상태

D-21

완성형 完成型

人海戰術（　　　）	지상군을 많이 투입하여 적을 압도하려는 전술
一口二言（　　　）	한 입으로 두 말을 한다는 뜻
一問一答（　　　）	한 번 물음에 대하여 한 번 대답함
一方通行（　　　）	사람이나 차량을 도로의 한쪽 방향으로만 통행시키는 일
一心同體（　　　）	여러 사람이 한 사람처럼 뜻을 합하여 굳게 결합하는 일
一日三省（　　　）	하루에 세 가지 자신을 반성함
一日三秋（　　　）	하루가 삼 년 같다는 뜻으로 몹시 애태우며 기다림
一長一短（　　　）	장점도 있고 단점도 있음
一朝一夕（　　　）	하루 아침 하루 저녁
立身出世（　　　）	입신하여 사회적으로 높은 위치에 오르거나 유명해짐

ㅈ 으로 시작하는 한자漢字

自問自答（　　　）	스스로 묻고 스스로 대답함
子孫萬代（　　　）	오래도록 내려오는 여러 대
自手成家（　　　）	스스로의 힘으로 어엿한 한 살림을 이룩하는 일
自生植物（　　　）	산이나 강 등에서 저절로 나는 식물
自由自在（　　　）	자기 마음대로 할 수 있음
作心三日（　　　）	품은 마음이 사흘을 못 감
電光石火（　　　）	'번갯불과 부싯돌의 불 '이란 뜻으로, 극히 짧은 시간을 이름
全心全力（　　　）	온 마음과 온 힘
晝夜長川（　　　）	밤낮으로 쉬지 않고 연달아
地上天國（　　　）	이 세상에서 이룩되는 자유롭고 풍요로우며 행복한 사회
知行合一（　　　）	지식과 행동이 하나가 됨

ㅊ 으로 시작하는 한자漢字

| 千萬多幸（　　　） | 아주 다행함 |
| 天下第一（　　　） | 세상에 견줄 만한 것이 없이 최고임 |

완성형 完成型

靑天白日 (　　　)　　하늘이 맑게 갠 대낮

淸風明月 (　　　)　　맑은 바람과 밝은 달

草綠同色 (　　　)　　이름은 다르나 따지고 보면 한 가지 것이라는 말

草食動物 (　　　)　　풀을 주로 먹고 사는 동물

春夏秋冬 (　　　)　　봄, 여름, 가을, 겨울

ㅌ 으로 시작하는 한자漢字

土木工事 (　　　)　　땅과 하천 따위를 고쳐 만드는 공사

特別活動 (　　　)　　학교 교육 과정에서 교과 학습 이외의 교육 활동

ㅍ 으로 시작하는 한자漢字

八道江山 (　　　)　　팔도의 강산으로 우리나라 전체의 강산을 이르는 말

八方美人 (　　　)　　여러 가지를 다 잘하는 사람

ㅎ 으로 시작하는 한자漢字

下等動物 (　　　)　　진화 정도가 낮아 몸의 구조가 단순한 원시적인 동물

形形色色 (　　　)　　모양과 빛깔 등이 서로 다른 여러 가지

行方不明 (　　　)　　간 곳이나 방향을 모름

花朝月夕 (　　　)　　꽃 피는 아침과 달 밝은 밤이라는 뜻으로 경치가 좋은 시절

訓民正音 (　　　)　　백성을 가르치는 바른 소리라는 뜻으로 세종이 창제한 우리나라 글자

완성형 完成型

D-20

완성형 完成型

| 완성형完成型 기출 예상문제 |

> 한자(漢字)의 뜻을 보고 정확한 한자어를 완성하는 유형입니다. 6급Ⅱ는 총 80문항 중 2문항, 6급은 총 90문항 중 3문항이 출제됩니다. 〈보기〉형으로 제시되며 주로 일상생활에서 쓰이는 단어들이 문제로 출제됩니다.
>
> 6급Ⅱ는 반드시 두 글자 내지 세 글자로 된 단어로만 출제됩니다. 앞장에서 나온 '한자어 독음 익히기' 문제를 통해 평소에 반복 연습을 해두면 문제를 푸는 데 많은 도움이 될 것입니다.
>
> 6급은 사자성어(四字成語)로 된 낱말들에서 출제됩니다. '완성형 단어 익히기'에 나온 사자성어들을 반복하여 익히시기 바랍니다.

A형(6급Ⅱ)

Ⅰ. 다음 괄호 속에 알맞은 漢字(한자)를 〈예〉에서 골라 그 번호를 쓰세요.

〈예(例)〉　①語　②門　③畫　④動　⑤右　⑥後

⑴ 사람들은 言(　　)로 말을 한다.

⑵ 그 (　　)家는 올 겨울에 그림 전시회를 연다.

Ⅱ. 다음 괄호 속에 알맞은 漢字(한자)를 〈예〉에서 골라 그 번호를 쓰세요.

〈예(例)〉　①番　②答　③銀　④前　⑤後　⑥祖

⑴ 선생님께서 내 (　　)號를 부르셨다.

⑵ 金과 (　　)은 귀한 광물이다.

Ⅲ. 다음 괄호 속에 알맞은 漢字(한자)를 〈예〉에서 골라 그 번호를 쓰세요.

〈예(例)〉　①幸　②動　③畫　④愛　⑤右　⑥銀

D-20

완성형完成型

(1) 自(　)車를 타고 운동장에 갔다.

(2) 親 (　)하는 학우 여러분의 건강을 빕니다.

Ⅳ. 다음 괄호 속에 알맞은 漢字(한자)를 〈예〉에서 골라 그 번호를 쓰세요.

〈예(例)〉　①物　②金　③畵　④幸　⑤學　⑥聞

(1) 그가 합격하였다니 多(　)이다.

(2) 植(　)은 대개 뿌리와 줄기를 가지고 있다.

Ⅴ. 다음 괄호 속에 알맞은 漢字(한자)를 〈예〉에서 골라 그 번호를 쓰세요.

〈예(例)〉　①間　②左　③子　④孫　⑤孝　⑥右

(1) 시험의 時(　)을 알리는 종소리가 들렸다.

(2) 부모에게 (　)道하는 것은 모든 일의 근본이다.

Ⅵ. 다음 괄호 속에 알맞은 漢字(한자)를 〈예〉에서 골라 그 번호를 쓰세요.

〈예(例)〉　①百　②書　③聞　④動　⑤右　⑥白

(1) 매일 아침 新(　)이 온다.

(2) 우리는 (　)衣 민족이다.

Ⅶ. 다음 괄호 속에 알맞은 漢字(한자)를 〈예〉에서 골라 그 번호를 쓰세요.

〈예(例)〉　①金　②室　③書　④分　⑤十　⑥後

(1) 가을은 讀(　)의 계절.

(2) 나이가 들면 옳고 그름을 (　)別할 줄 알아야 한다.

완성형 完成型

VIII. 다음 괄호 속에 알맞은 漢字(한자)를 〈예〉에서 골라 그 번호를 쓰세요.

〈예(例)〉　① 畫　② 話　③ 銀　④ 前　⑤ 體　⑥ 祖

(1) 그림을 그리는 사람을 (　)家라고 한다.

(2) 건강한 정신은 건강한 身(　)에서 나온다.

IX. 다음 괄호 속에 알맞은 漢字(한자)를 〈예〉에서 골라 그 번호를 쓰세요.

〈예(例)〉　① 體　② 室　③ 陽　④ 代　⑤ 强　⑥ 小

(1) 우리 반 아이들이 敎(　)에서 공부를 한다.

(2) 갑자기 (　)風이 불어서 나무가 쓰러졌다.

X. 다음 괄호 속에 알맞은 漢字(한자)를 〈예〉에서 골라 그 번호를 쓰세요.

〈예(例)〉　① 養　② 服　③ 陽　④ 日　⑤ 目　⑥ 後

(1) 지구는 太(　)의 둘레를 돈다.

(2) 이 글의 題(　)은 무엇이냐?

XI. 다음 괄호 속에 알맞은 漢字(한자)를 〈예〉에서 골라 그 번호를 쓰세요.

〈예(例)〉　① 道　② 門　③ 漢　④ 服　⑤ 右　⑥ 姓

(1) 도시인들은 衣(　)에 신경을 많이 쓴다.

(2) 부모에게 孝(　)하면 복이 들어온다.

XII. 다음 괄호 속에 알맞은 漢字(한자)를 〈예〉에서 골라 그 번호를 쓰세요.

〈예(例)〉　① 漢　② 分　③ 畫　④ 動　⑤ 功　⑥ 後

(1) (　)江은 서울을 가로질러 흐른다.

완성형 完成型

(2) 그는 한번의 도전으로 그 일에 成(　) 했다.

B형(6급)

Ⅰ. 다음 괄호 속에 알맞은 漢字(한자)를 〈예〉에서 골라 그 번호를 쓰세요.

〈예(例)〉 ① 番 ② 有 ③ 畫 ④ 今 ⑤ 右 ⑥ 川

(1) 父子(　)親　　　　(2) 山(　)草木　　　　(3) 東西古(　)

Ⅱ. 다음 괄호 속에 알맞은 漢字(한자)를 〈예〉에서 골라 그 번호를 쓰세요.

〈예(例)〉 ① 校 ② 海 ③ 面 ④ 今 ⑤ 讀 ⑥ 代

(1) 公立學(　)　　　　(2) 多聞多(　)　　　　(3) 生(　)不知

Ⅲ. 다음 괄호 속에 알맞은 漢字(한자)를 〈예〉에서 골라 그 번호를 쓰세요.

〈예(例)〉 ① 美 ② 短 ③ 右 ④ 孝 ⑤ 番 ⑥ 治

(1) 以熱(　)熱　　　　(2) 一長一(　)　　　　(3) 八方(　)人

Ⅳ. 다음 괄호 속에 알맞은 漢字(한자)를 〈예〉에서 골라 그 번호를 쓰세요.

〈예(例)〉 ① 知 ② 死 ③ 畫 ④ 冬 ⑤ 右 ⑥ 自

(1) 九(　)一生　　　　(2) 春夏秋(　)　　　　(3) (　)行合一

Ⅴ. 다음 괄호 속에 알맞은 漢字(한자)를 〈예〉에서 골라 그 번호를 쓰세요.

〈예(例)〉 ① 明 ② 有 ③ 聞 ④ 樂 ⑤ 右 ⑥ 省

D-20

완성형完成型

(1) 淸風(　)月　　　(2) 一日三(　)　　　(3) (　)山樂水

Ⅵ. 다음 괄호 속에 알맞은 漢字(한자)를 〈예〉에서 골라 그 번호를 쓰세요.

〈예(例)〉　① 古　② 高　③ 苦　④ 今　⑤ 右　⑥ 族

(1) 生死(　)樂　　　(2) 山(　)水長　　　(3) 白衣民(　)

Ⅶ. 다음 괄호 속에 알맞은 漢字(한자)를 〈예〉에서 골라 그 번호를 쓰세요.

〈예(例)〉　① 前　② 世　③ 代　④ 時　⑤ 右　⑥ 老

(1) 門(　)成市　　　(2) 立身出(　)　　　(3) 男女(　)少

Ⅷ. 다음 괄호 속에 알맞은 漢字(한자)를 〈예〉에서 골라 그 번호를 쓰세요.

〈예(例)〉　① 今　② 火　③ 式　④ 大　⑤ 右　⑥ 道

(1) 東西古(　)　　　(2) 電光石(　)　　　(3) 高速(　)路

Ⅸ. 다음 괄호 속에 알맞은 漢字(한자)를 〈예〉에서 골라 그 번호를 쓰세요.

〈예(例)〉　① 孫　② 小　③ 百　④ 心　⑤ 右　⑥ 少

(1) 代代孫(　)　　　(2) 男女老(　)　　　(3) 作(　)三日

Ⅹ. 다음 괄호 속에 알맞은 漢字(한자)를 〈예〉에서 골라 그 번호를 쓰세요.

〈예(例)〉　① 代　② 姓　③ 大　④ 生　⑤ 右　⑥ 方

(1) 子孫萬(　)　　　(2) 同(　)同本　　　(3) 八(　)美人

D-20

완성형 完成型

XI. 다음 괄호 속에 알맞은 漢字(한자)를 〈예〉에서 골라 그 번호를 쓰세요.

〈예(例)〉　①問　②同　③水　④今　⑤聞　⑥川

(1) 東(　)西答　　　(2) 山戰(　)戰　　　(3) 共(　)生活

XII-1. 다음 괄호 속에 알맞은 漢字(한자)를 〈예〉에서 골라 그 번호를 쓰세요.

〈예(例)〉　①南　②問　③發　④今　⑤右　⑥聞

(1) (　)男北女　　　(2) (　)一知十　　　(3) 百(　)百中

XII-2. 다음 괄호 속에 알맞은 漢字(한자)를 〈예〉에서 골라 그 번호를 쓰세요.

〈예(例)〉　①口　②有　③自　④病　⑤右　⑥九

(1) 生老(　)死　　　(2) 有(　)無言　　　(3) (　)問自答

D-19

뜻풀이

5. 뜻풀이

| 뜻풀이 기출 예상문제 |

　한자어(漢字語)의 뜻을 풀이하여 우리말로 쓰는 유형입니다. 한자(漢字)의 훈(訓 : 뜻)을 활용하여 뜻을 풀이하면 됩니다. 6급Ⅱ와 6급 모두 2 문항이 출제됩니다. 그러나 출제 방법은 약간 다릅니다. 먼저 6급Ⅱ는 두 글자로 된 단어들을 문제로 제시하고 단어의 간단한 뜻을 쓰게 합니다. 문제는 정답이 길지 않으면서도 일상생활에서 많이 쓰이는 단어들에서 출제됩니다. 평소에 익혀 둔 한자의 훈과 음을 가지고 글자 그대로 풀이해서 쓰면 됩니다.

　6급은 두 가지 유형으로 출제됩니다. A형은 6급Ⅱ와 마찬가지로 두 글자로 된 단어들을 문제로 제시하고 단어의 간단한 뜻을 쓰게 하는 문제입니다. 역시 정답이 길지 않으면서도 일상생활에서 많이 쓰이는 단어들에서 주로 출제됩니다. 평소에 익혀 둔 훈과 음을 가지고 글자 그대로 풀이해서 쓰면 됩니다. B형은 문장을 제시한 다음 그 뜻에 맞는 단어를 한글로 쓰게 하는 유형입니다. 근래 들어서는 6급에서 A형보다는 B형의 문제들이 많이 출제되고 있습니다. 역시 앞장에서 나온 '한자어 독음 익히기' 문제를 통해 평소에 반복 연습을 해두면 문제를 푸는 데 많은 도움이 될 것입니다. 이런 문제를 풀 때에는 〈보기〉로 출제 된 유형을 잘 보시기 바랍니다. 정답을 한글로 쓰라고 했는지, 한자(漢字)로 쓰라고 했는지 잘 살펴본 다음 〈보기〉에서 제시된 방법대로 쓰면 됩니다.

A형(6급Ⅱ)

Ⅰ. 다음 漢字語(한자어)의 뜻을 쓰세요.

(1) 集合 　(　　　　　　　　　　)　　　　　(2) 失明 　(　　　　　　　　　　)

Ⅱ. 다음 漢字語(한자어)의 뜻을 쓰세요.

(1) 里長 　(　　　　　　　　　　)　　　　　(2) 正午 　(　　　　　　　　　　)

뜻풀이

Ⅲ. 다음 漢字語(한자어)의 뜻을 쓰세요.

(1) 直線 (　　　　　　　　　　)　　　　(2) 成功 (　　　　　　　　　　　)

Ⅳ. 다음 漢字語(한자어)의 뜻을 쓰세요.

(1) 晝夜 (　　　　　　　　　　)　　　　(2) 計算 (　　　　　　　　　　　)

Ⅴ. 다음 漢字語(한자어)의 뜻을 쓰세요.

(1) 古今 (　　　　　　　　　　)　　　　(2) 遠近 (　　　　　　　　　　　)

Ⅵ. 다음 漢字語(한자어)의 뜻을 쓰세요.

(1) 幸運 (　　　　　　　　　　)　　　　(2) 北向 (　　　　　　　　　　　)

Ⅶ. 다음 漢字語(한자어)의 뜻을 쓰세요.

(1) 家內 (　　　　　　　　　　)　　　　(2) 朝夕 (　　　　　　　　　　　)

Ⅷ. 다음 漢字語(한자어)의 뜻을 쓰세요.

(1) 別名 (　　　　　　　　　　)　　　　(2) 高度 (　　　　　　　　　　　)

Ⅸ. 다음 漢字語(한자어)의 뜻을 쓰세요.

(1) 區別 (　　　　　　　　　　)　　　　(2) 讀書 (　　　　　　　　　　　)

뜻풀이

D-19

뜻풀이

X. 다음 漢字語(한자어)의 뜻을 쓰세요.

(1) 活動 (　　　　　　　　　　　　　)　　　(2) 古今 (　　　　　　　　　　　　　　)

XI. 다음 漢字語(한자어)의 뜻을 쓰세요.

(1) 手足 (　　　　　　　　　　　　　)　　　(2) 海風 (　　　　　　　　　　　　　　)

B 형(6급)

(가)형(한글로 답 쓰기)

I. 다음 뜻을 가진 단어를 쓰세요.

〈예(例)〉　몸무게 → 체중

(1) 앞과 뒤 (　　　　　　　　　)　　　(2) 제 힘으로 움직임 (　　　　　　　　)

II. 다음 뜻을 가진 단어를 쓰세요.

〈예(例)〉　몸무게 → 체중

(1) 따뜻한 기운 (　　　　　　　　)　　　(2) 오늘 (　　　　　　　　)

III. 다음 뜻을 가진 단어를 쓰세요.

〈예(例)〉　몸무게 → 체중

(1) 학년이 낮은 학생 (　　　　　　　)　　　(2) 손과 발(　　　　　　　　)

D-19

뜻풀이

Ⅳ. 다음 뜻을 가진 단어를 쓰세요.

〈예(例)〉 몸무게 → 체중

(1) 삶과 죽음 (   )   (2) 바람이 부는 방향 (   )

Ⅴ. 다음 뜻을 가진 단어를 쓰세요.

〈예(例)〉 몸무게 → 체중

(1) 죽어서 이별함 (   )   (2) 어머니의 남자 형제 (   )

Ⅵ. 다음 뜻을 가진 단어를 쓰세요.

〈예(例)〉 몸무게 → 체중

(1) 손발 (   )   (2) 아침과 저녁을 이르는 말 (   )

Ⅶ. 다음 뜻을 가진 단어를 쓰세요.

〈예(例)〉 몸무게 → 체중

(1) 어제 (   )   (2) 많이 읽음 (   )

(나)형(뜻을 풀어서 쓰기)

Ⅰ. 다음 한자어의 뜻을 쓰세요.

(1) 今世 (   )   (2) 正答 (   )

뜻풀이

D-19

뜻풀이

한자능력검정시험　　　　　　　　유형별 기출문제 실전연습 6·6급Ⅱ

Ⅱ. 다음 한자어의 뜻을 쓰세요.

(1) 飮食 （　　　　　　　　　　　　）　　　(2) 白紙 （　　　　　　　　　　　　　　　）

Ⅲ. 다음 한자어의 뜻을 쓰세요.

(1) 長短 （　　　　　　　　　　　　）　　　(2) 心身 （　　　　　　　　　　　　　　　）

Ⅳ. 다음 한자어의 뜻을 쓰세요.

(1) 左右 （　　　　　　　　　　　　）　　　(2) 方言 （　　　　　　　　　　　　　　　）

Ⅴ. 다음 한자어의 뜻을 쓰세요.

(1) 太陽 （　　　　　　　　　　　　）　　　(2) 休學 （　　　　　　　　　　　　　　　）

Ⅵ. 다음 한자어의 뜻을 쓰세요.

(1) 上衣 （　　　　　　　　　　　　）　　　(2) 作別 （　　　　　　　　　　　　　　　）

뜻풀이

D-18

한자漢字쓰기

6. 한자漢字쓰기

| 한자漢字쓰기 기출 예상문제 |

한자(漢字) 쓰기 문제는 6급Ⅱ와 6급 모두 비슷한 수준의 단어에서 출제됩니다. 다만 문항 수에서만 차이가 납니다. 6급Ⅱ는 총 80문항 중 10문항, 6급은 총 90문항 중 20문항이 출제됩니다. 출제 단어들은 일상생활에서 많이 쓰이는 비교적 쉬운 글자들로서 주로 두 글자로 된 단어들로 이루어져 있습니다. 6급Ⅱ와 6급을 구분하지 말고 두 급수를 모두 다 풀어보시면 한자 쓰기에 많은 도움이 될 것입니다.

A형(6급Ⅱ)

Ⅰ. 다음 밑줄 친 漢字語(한자어)를 漢字(한자)로 쓰세요.

〈예(例)〉 한자 → 漢字

(1) 서대문은 현재 남아 있지 않다   (   )

(2) 수원이와 나는 사촌간이다   (   )

(3) 교실에서 학생들이 그림을 그리고 있다   (   )

(4) 형제간에는 사이좋게 지내야 한다   (   )

(5) 바람이 동서쪽에서 불어온다   (   )

(6) 어제는 화산이 폭발했다   (   )

(7) 마을의 청년들이 봉사활동을 나왔다   (   )

(8) 서울에는 남대문이 있다   (   )

(9) 판문점에서 남북 회담이 열렸다   (   )

(10) 나는 용감한 군인이 되고 싶다   (   )

D-18

한자漢字쓰기

Ⅱ. 다음 밑줄 친 漢字語(한자어)를 漢字(한자)로 쓰세요.

<예(例)>　　한자 → 漢字

(1) 방학이 되어 <u>학교</u>에 안 간다　　　　　　　　(　　　　　)

(2) 따뜻한 <u>남동</u>풍이 불어온다　　　　　　　　(　　　　　)

(3) <u>청산</u>에 살고 싶다　　　　　　　　　　　(　　　　　)

(4) <u>부모</u>님께서 우리들을 길러 주셨다　　　　　(　　　　　)

(5) 바람이 <u>동서</u> 방향으로 분다　　　　　　　(　　　　　)

(6) 영국에는 <u>여왕</u>이 있다　　　　　　　　　(　　　　　)

(7) 형과 나는 <u>사촌</u>간이다　　　　　　　　　(　　　　　)

(8) 한국의 <u>청년</u>들이 에베레스트를 올랐다　　　(　　　　　)

(9) 비가 와서 <u>교실</u>로 뛰어 들어갔다　　　　　(　　　　　)

(10) 우리 반에는 <u>남학생</u>이 더 많다　　　　　(　　　　　)

Ⅲ. 다음 밑줄 친 漢字語(한자어)를 漢字(한자)로 쓰세요.

<예(例)>　　한자 → 漢字

(1) <u>부모</u>님께서 가르쳐 주셨다　　　　　　　(　　　　　)

(2) 우리 삼촌은 <u>대학생</u>이다　　　　　　　　(　　　　　)

(3) <u>동대문</u> 근처에는 큰 시장이 있다　　　　　(　　　　　)

(4) 작년에 <u>화산</u>이 폭발했다　　　　　　　　(　　　　　)

(5) <u>형</u>이 동생과 같이 놀아 주었다　　　　　　(　　　　　)

(6) 누나는 내년에 <u>중학생</u>이 된다　　　　　　(　　　　　)

(7) 내 희망은 <u>여군</u>이 되는 것이다　　　　　　(　　　　　)

(8) <u>청년</u>들은 국가의 미래를 위해 열심히 노력해야 한다　(　　　　　)

(9) 우리 학교 <u>교장</u>선생님은 인자하시다　　　　(　　　　　)

(10) 나의 희망은 씩씩한 <u>군인</u>이 되는 것이다　　(　　　　　)

한자 漢字 쓰기

Ⅳ. 다음 밑줄 친 漢字語(한자어)를 漢字(한자)로 쓰세요.

〈예(例)〉　한자 → 漢字

(1) 우리 할아버지는 연세가 팔십이다　(　　　　)
(2) 동대문은 보물 1호이다　(　　　　)
(3) 형제간에는 사이좋게 지내야 한다　(　　　　)
(4) 남학생들이 운동장에서 축구를 한다　(　　　　)
(5) 오월에는 꽃이 많이 핀다　(　　　　)
(6) 오늘은 교실 대청소의 날이다　(　　　　)
(7) 고마운 군인 아저씨에게 편지를 썼다　(　　　　)
(8) 일주일은 모두 칠일이다　(　　　　)
(9) 여름철에는 주로 남서풍이 분다　(　　　　)
(10) 남대문 옆에는 커다란 시장이 있다　(　　　　)

Ⅴ. 다음 밑줄 친 漢字語(한자어)를 漢字(한자)로 쓰세요.

〈예(例)〉　한자 → 漢字

(1) 가게에서 생수 한 병을 사왔다　(　　　　)
(2) 교실에 새 한 마리가 들어왔다　(　　　　)
(3) 영어 선생님은 백인이다　(　　　　)
(4) 우리 반 학생은 모두 30명이다　(　　　　)
(5) 내년 삼월이면 3학년이 된다　(　　　　)
(6) 수원은 서울의 남쪽에 있다　(　　　　)
(7) 이모 아들과 나는 사촌간이다　(　　　　)
(8) 화석은 아주 오래 전에 만들어진 것이다　(　　　　)
(9) 남대문은 서울에 있다　(　　　　)
(10) 우리 모녀는 자매 같다　(　　　　)

D-18

한자 漢字 쓰기

Ⅵ. 다음 밑줄 친 漢字語(한자어)를 漢字(한자)로 쓰세요.

> 〈예(例)〉 한자 → 漢字

(1) 공휴일에는 학교에 가지 않는다　　　　　　　(　　　　　)

(2) 음악 선생님께서 노래를 가르쳐 주셨다　　　(　　　　　)

(3) 한국은 살기 좋은 나라이다　　　　　　　　　(　　　　　)

(4) 나는 빨리 자라서 어엿한 청년이 되고 싶다　(　　　　　)

(5) 나는 씩씩하고 자랑스러운 군인이 되고 싶다　(　　　　　)

(6) 이순신 장군은 훌륭한 수군 대장이시다　　　(　　　　　)

(7) 동서남북을 사방이라고 한다　　　　　　　　　(　　　　　)

(8) 내 생일은 구월 달에 있다　　　　　　　　　　(　　　　　)

(9) 우리 부모님은 영화구경을 가셨다　　　　　　(　　　　　)

(10) 우리 학교 교장 선생님은 자상하시다　　　　(　　　　　)

Ⅶ. 다음 밑줄 친 漢字語(한자어)를 漢字(한자)로 쓰세요.

> 〈예(例)〉 한자 → 漢字

(1) 우리 삼촌은 어엿한 청년이 되었다　　　　　　(　　　　　)

(2) 조회 시간에 교장 선생님께서 말씀하셨다　　(　　　　　)

(3) 우리 삼촌은 아버지의 동생이다　　　　　　　　(　　　　　)

(4) 나는 5학년 4반이다　　　　　　　　　　　　　　(　　　　　)

(5) 동서남북을 사방이라고 한다　　　　　　　　　(　　　　　)

(6) 아름다운 우리 국토를 사랑하자　　　　　　　(　　　　　)

(7) 내 생일은 오늘이다　　　　　　　　　　　　　　(　　　　　)

(8) 우리 학교 교문은 크다　　　　　　　　　　　　(　　　　　)

(9) 사촌누나가 우리 집에 놀러 왔다　　　　　　　(　　　　　)

(10) 나는 학교에서 공부하는 것이 즐겁다　　　　(　　　　　)

한자 漢字 쓰기

Ⅷ. 다음 밑줄 친 漢字語(한자어)를 漢字(한자)로 쓰세요.

> 〈예(例)〉　한자 → 漢字

(1) 상윤이와 상엽이는 형제이다　　　　　　(　　　　　)

(2) 부모님은 우리를 사랑하신다　　　　　　(　　　　　)

(3) 선덕 여왕은 신라시대 왕이다　　　　　　(　　　　　)

(4) 이 청년이 재영이의 형이다　　　　　　(　　　　　)

(5) 교실에서는 모두 조용히 하자　　　　　　(　　　　　)

(6) 목이 말라서 생수를 마셨다　　　　　　(　　　　　)

(7) 오월에는 신록이 푸르다　　　　　　(　　　　　)

(8) 화산이 폭발하였다　　　　　　(　　　　　)

(9) 어린이날은 오월 오일이다　　　　　　(　　　　　)

(10) 대한민국의 국기는 태극기이다　　　　　　(　　　　　)

Ⅸ. 다음 밑줄 친 漢字語(한자어)를 漢字(한자)로 쓰세요.

> 〈예(例)〉　한자 → 漢字

(1) 수원이와 상윤이는 사촌이다　　　　　　(　　　　　)

(2) 동대문에는 큰 시장이 있다　　　　　　(　　　　　)

(3) 오늘은 일찍 학교에 갔다　　　　　　(　　　　　)

(4) 철새들은 봄에 북쪽으로 날아간다　　　　　　(　　　　　)

(5) 철수는 육년 동안 외국에서 살다 왔다　　　　　　(　　　　　)

(6) 일주일은 모두 칠일이다　　　　　　(　　　　　)

(7) 운동장에서 학생들이 축구를 한다　　　　　　(　　　　　)

(8) 어머니와 나는 모녀라고 부른다　　　　　　(　　　　　)

(9) 삼촌은 우리 아버지의 동생이다　　　　　　(　　　　　)

(10) 남서풍이 불어서 시원하다　　　　　　(　　　　　)

한자 漢字 쓰기

X. 다음 밑줄 친 漢字語(한자어)를 漢字(한자)로 쓰세요.

> 〈예(例)〉 한자 → 漢字

(1) <u>남북</u> 정상회담이 개최되었다 (   )

(2) 용감한 <u>군인</u>을 보았다 (   )

(3) 돌고래의 모습을 <u>수중</u> 촬영하였다 (   )

(4) 철수는 <u>오년</u> 동안 일본에서 살았다 (   )

(5) 일주일은 <u>칠일</u>이다 (   )

(6) <u>학생</u>들이 공을 차고 있다 (   )

(7) 일요일에는 <u>모녀</u>가 함께 시장에 간다 (   )

(8) <u>형제</u>가 함께 야구 선수가 되었다 (   )

(9) 아버지는 우리 집의 <u>가장</u>이시다 (   )

(10) 일요일에는 <u>학교</u>에 가지 않는다 (   )

XI. 다음 밑줄 친 漢字語(한자어)를 漢字(한자)로 쓰세요.

> 〈예(例)〉 한자 → 漢字

(1) 우리 <u>삼촌</u>은 군인이다 (   )

(2) <u>남대문</u> 근처에 큰 시장이 있다 (   )

(3) 철새들은 겨울에 <u>남쪽</u>으로 날아온다 (   )

(4) 우리 <u>사촌</u> 형은 선생님이다 (   )

(5) 너의 생년 <u>월일</u>을 말해보아라 (   )

(6) 순이는 <u>장녀</u>이다 (   )

(7) <u>실내</u>보다 <u>실외</u> 공기가 더 차다 (   )

(8) <u>중소</u> 기업이 어려움을 겪고 있다 (   )

(9) 겨울에는 <u>북서풍</u>이 분다 (   )

(10) 세종대왕은 조선의 4대 <u>왕</u>이시다 (   )

한자 漢字 쓰기

D-17

한자 漢字 쓰기

XII 다음 밑줄 친 漢字語(한자어)를 漢字(한자)로 쓰세요.

> 〈예(例)〉   한자 → 漢字

(1) 우리나라 국보 1호는 남대문이다　　　（　　　　）

(2) 추석은 음력으로 팔월 십오일이다　　　（　　　　）

(3) 우리 형은 중학생이다　　　（　　　　）

(4) 오늘은 내 생일이다　　　（　　　　）

(5) 형제들은 서로 돕고 산다　　　（　　　　）

(6) 일요일에는 학교에 가지 않는다　　　（　　　　）

(7) 필리핀에는 화산이 있다　　　（　　　　）

(8) 부모님께서 등산을 가셨다　　　（　　　　）

(9) 군인들이 훈련을 나갔다　　　（　　　　）

(10) 겨울에는 주로 실내에서 지낸다　　　（　　　　）

D-16

한자 漢字 쓰기

B형(6급)

Ⅰ. 다음 밑줄 친 漢字語(한자어)를 漢字(한자)로 쓰세요.

<예(例)>　한자 → 漢字

(1) 도로가 <u>동서</u>로 길게 뻗어 있다　　　　　(　　　　　)

(2) 나는 걸어서 <u>등교</u>한다　　　　　(　　　　　)

(3) <u>강촌</u>의 풍경이 아름답다　　　　　(　　　　　)

(4) 국어, 산수, 사회, <u>자연</u>　　　　　(　　　　　)

(5) <u>안심</u>하고 걱정하지 말아라　　　　　(　　　　　)

(6) 씩씩한 <u>군인</u>이 되고 싶다　　　　　(　　　　　)

(7) 나는 <u>산수</u>가 제일 어렵다　　　　　(　　　　　)

(8) <u>식목</u>일은 4월 5일이다　　　　　(　　　　　)

(9) <u>전화</u>가 와서 누나가 받았다　　　　　(　　　　　)

(10) '<u>편리</u>'의 반대말은 불편이다　　　　　(　　　　　)

(11) <u>전기</u>가 안 들어와서 공부를 못했다　　　　　(　　　　　)

(12) <u>사방</u>에서 공격해 온다　　　　　(　　　　　)

(13) 기미년 삼월 일일 <u>정오</u>　　　　　(　　　　　)

(14) <u>형제</u> 간에는 사이좋게 지내야 한다　　　　　(　　　　　)

(15) 이 보물은 <u>천만금</u>을 주고도 못산다　　　　　(　　　　　)

(16) 오늘 일을 <u>내일</u>로 미루지 말라　　　　　(　　　　　)

(17) <u>시간</u> 약속을 잘 지키자　　　　　(　　　　　)

(18) <u>서해</u>안으로 놀러 갔다　　　　　(　　　　　)

(19) 주택에서 살다가 아파트로 <u>입주</u>했다　　　　　(　　　　　)

(20) <u>차도</u>에서 놀면 안된다　　　　　(　　　　　)

D-16

한자 漢字 쓰기

Ⅱ. 다음 밑줄 친 漢字語(한자어)를 漢字(한자)로 쓰세요.

<예(例)> 한자 → 漢字

(1) 큰 집에 여러 가구가 모여 산다　　　　　　（　　　）

(2) 세간에서 떠도는 이야기들이 많다　　　　　（　　　）

(3) 공중에서 비행기가 날아다닌다　　　　　　（　　　）

(4) 가을이 되어 초목의 색깔이 변했다　　　　（　　　）

(5) 교실에서는 조용히 하자　　　　　　　　　（　　　）

(6) 우리 형제는 축구 선수이다　　　　　　　（　　　）

(7) 이 신발은 수공으로 만든 것이다　　　　　（　　　）

(8) 내년에는 5학년이 된다　　　　　　　　　（　　　）

(9) 우리나라는 춘하추동이 뚜렷하다　　　　　（　　　）

(10) 마음을 편안하게 가져라　　　　　　　　（　　　）

(11) 동구 밖에 느티나무가 있다　　　　　　　（　　　）

(12) 순희는 효녀이다　　　　　　　　　　　　（　　　）

(13) 공부를 오전까지 끝내라　　　　　　　　（　　　）

(14) 대문을 잠그고 들어와라　　　　　　　　（　　　）

(15) 부모님께 효도하자　　　　　　　　　　　（　　　）

(16) 견우와 직녀가 만나는 날이 칠월 칠석이다　（　　　）

(17) 운동은 매일 하는 것이 좋다　　　　　　　（　　　）

(18) 일의 선후가 바뀌어서 혼란스럽다　　　　（　　　）

(19) 우리나라 자연 경치는 아름답다　　　　　（　　　）

(20) 백금은 값이 비싸다　　　　　　　　　　　（　　　）

Ⅲ. 다음 밑줄 친 漢字語(한자어)를 漢字(한자)로 쓰세요.

<예(例)> 한자 → 漢字

(1) 우리 언니는 훌륭한 오페라 가수이다　　　（　　　）

D-16

한자 漢字 쓰기

(2) 오늘 저녁에는 <u>외식</u>을 하는 날이다 (　　　　)

(3) 아무 일 없다니 천만 <u>다행</u>이다 (　　　　)

(4) <u>매일</u> 아침마다 운동을 한다 (　　　　)

(5) 내일 <u>오전</u>에 이사를 간다 (　　　　)

(6) 아버지가 <u>지방</u>으로 출장을 가셨다 (　　　　)

(7) <u>오후</u>에 수업이 끝났다 (　　　　)

(8) <u>동구</u>에 느티나무가 있다 (　　　　)

(9) <u>팔도강산</u>에 봄이 왔다 (　　　　)

(10) 아버님 <u>춘추</u>가 어떻게 되시나? (　　　　)

(11) 이제부터 <u>자립정신</u>을 길러라 (　　　　)

(12) 길을 건널 때에는 <u>좌우</u>를 잘 살펴라 (　　　　)

(13) 식사하기 <u>직전</u>에 손을 씻어라 (　　　　)

(14) 마을의 <u>청년</u>들이 청소를 하였다 (　　　　)

(15) 이야기 속에 여러 <u>인물</u>들이 등장 한다 (　　　　)

(16) 호수에 고요한 <u>월색</u>이 비친다 (　　　　)

(17) 마을 <u>주민</u>들이 모두 모였다 (　　　　)

(18) 우리 집 올해 <u>농사</u>는 풍년이다 (　　　　)

(19) 우리 아버지는 <u>효자</u>이시다 (　　　　)

(20) <u>대문</u>에 태극기를 달았다 (　　　　)

Ⅳ. 다음 밑줄 친 漢字語(한자어)를 漢字(한자)로 쓰세요.

〈예(例)〉　한자 → 漢字

(1) 우리 학교는 <u>명문</u>이다 (　　　　)

(2) <u>조상</u>을 잘 섬겨야 한다 (　　　　)

(3) 어제 <u>지방</u>에 사시는 삼촌이 오셨다 (　　　　)

(4) 집에서 <u>편안</u>하게 지내라 (　　　　)

(5) 도로가 <u>남북</u>으로 길게 뻗어 있다 (　　　　)

D-16

한자 漢字 쓰기

(6) 우리 어머니는 <u>효녀</u>이다　　　（　　　　　）

(7) 우리 마을에는 <u>전기</u>가 안들어온다　　　（　　　　　）

(8) <u>천명</u>을 어겨서는 안된다　　　（　　　　　）

(9) 바람이 <u>남서</u>쪽으로 분다　　　（　　　　　）

(10) 우리는 <u>동시</u>에 출발하였다　　　（　　　　　）

(11) 할머니는 <u>수족</u>을 잘 못 쓰신다　　　（　　　　　）

(12) <u>세상</u>은 넓고 할일은 많다　　　（　　　　　）

(13) <u>청산</u>을 벗삼아 살다　　　（　　　　　）

(14) 우리 <u>삼촌</u>은 효자이다　　　（　　　　　）

(15) 온 <u>사방</u>에서 노래 소리가 들려온다　　　（　　　　　）

(16) <u>초목</u>이 무성하다　　　（　　　　　）

(17) 나는 <u>산수</u>시험에서 백점을 맞았다　　　（　　　　　）

(18) <u>형제</u>가 모두 축구를 잘 한다　　　（　　　　　）

(19) <u>소식</u>하면 건강에 좋다　　　（　　　　　）

(20) 매일 밤마다 <u>일기</u>를 쓰고 잔다　　　（　　　　　）

Ⅴ. 다음 밑줄 친 漢字語(한자어)를 漢字(한자)로 쓰세요.

〈예(例)〉　 <u>한자</u> → 漢字

(1) 그는 <u>노모</u>를 모시고 산다　　　（　　　　　）

(2) <u>자연</u>의 혜택은 위대하다　　　（　　　　　）

(3) 동네 <u>입구</u>에 느티나무가 있다　　　（　　　　　）

(4) 그가 <u>내심</u>을 털어놓았다　　　（　　　　　）

(5) 나는 우리 집안의 <u>장남</u>이다　　　（　　　　　）

(6) <u>시장</u>에서 많은 물건을 사왔다　　　（　　　　　）

(7) 이 약은 반드시 <u>식후</u>에 먹어라　　　（　　　　　）

(8) 나는 <u>소읍</u>에서 태어났다　　　（　　　　　）

(9) 아침에 <u>등교</u> 하는데 비가 갑자기 왔다　　　（　　　　　）

D-16

한자 漢字 쓰기

(10) <u>동해</u>안에 많은 눈이 왔다   (   )

(11) <u>세상</u>은 넓고 할일은 많다   (   )

(12) <u>왕실</u>에서 태어나 좋은 교육을 받았다   (   )

(13) <u>시중</u>에는 온갖 소문이 떠돌아 다닌다   (   )

(14) 이 물건을 <u>소유</u>한 사람이 누구인가?   (   )

(15) 우리 집 가훈은 <u>정직</u>이다   (   )

(16) 언니는 대학을 <u>휴학</u>하였다   (   )

(17) 새벽에 <u>출동</u>하라는 명령이 떨어졌다   (   )

(18) 우리 가족은 매월 <u>등산</u>을 한다   (   )

(19) 우리나라는 <u>남북</u>으로 갈라졌다   (   )

(20) 너의 집 <u>주소</u>를 써라   (   )

한자 漢字 쓰기

Ⅵ. 다음 밑줄 친 漢字語(한자어)를 漢字(한자)로 쓰세요.

〈예(例)〉 한자 → 漢字

(1) 봄과 가을을 춘추라고 한다   (   )
(2) 오늘 1교시는 산수 시간이다   (   )
(3) 도시의 대기 오염이 심각하다   (   )
(4) 읍내에 물건을 사러 나갔다   (   )
(5) 하교길에 문방구에 들렸다   (   )
(6) 매일 아침마다 줄넘기를 한다   (   )
(7) 청기와 백기를 흔들었다   (   )
(8) 군인들이 군가에 맞추어 행진을 한다   (   )
(9) 식사 후에는 양치질을 해야 한다   (   )
(10) 마을에는 청년들이 많다   (   )
(11) 주유소에서는 차에 기름을 넣는다   (   )
(12) 시장에서 생선을 사왔다   (   )
(13) 교육은 백년지대계다   (   )
(14) 마을 주민들이 모두 모여 명절을 즐겼다   (   )
(15) 차는 차도로만 다녀야 한다   (   )
(16) 일의 선후를 먼저 가려야 한다   (   )
(17) 공부 후에는 여가 활동도 열심히 하자   (   )
(18) 인명은 재천이다   (   )
(19) 효자는 효자를 낳는다   (   )
(20) 길을 건널 때에는 좌우를 잘 살펴보아라   (   )

Ⅶ. 다음 밑줄 친 漢字語(한자어)를 漢字(한자)로 쓰세요.

〈예(例)〉 한자 → 漢字

(1) 그는 추석을 쇠러 지방으로 내려갔다   (   )

D-15

한자漢字쓰기

(2) 우리는 <u>동고동락</u>을 같이하는 사이다　　　　(　　　　　)

(3) 아기가 노래 <u>장단</u>에 맞추어 춤을 춘다　　　　(　　　　　)

(4) 온 <u>세상</u>에 하얗게 눈이 덮였다　　　　(　　　　　)

(5) 산수 <u>계산</u> 문제가 어렵다　　　　(　　　　　)

(6) 언제나 <u>정직</u>한 사람이 되어야 한다　　　　(　　　　　)

(7) 우리 집은 <u>농촌</u>이다　　　　(　　　　　)

(8) 누나가 오후에 <u>외출</u>을 하였다　　　　(　　　　　)

(9) 우리 삼촌은 씩씩한 <u>군인</u>이다　　　　(　　　　　)

(10) <u>청춘</u>을 헛되이 보내지 말라　　　　(　　　　　)

(11) <u>소식</u>하는 사람은 장수한다고 한다　　　　(　　　　　)

(12) 형과 나를 <u>형제</u>라고 한다　　　　(　　　　　)

(13) <u>매일</u> 아침마다 운동을 한다　　　　(　　　　　)

(14) <u>세상</u>에는 별의별 일이 많다　　　　(　　　　　)

(15) 아무리 <u>좌우</u>를 둘러보아도 아무도 없다　　　　(　　　　　)

(16) 우리 도시는 교통이 <u>편리</u>하다　　　　(　　　　　)

(17) 많은 도시의 <u>공기</u> 오염이 심각하다　　　　(　　　　　)

(18) 이 사당에는 <u>선조</u>들이 모셔져 있다　　　　(　　　　　)

(19) <u>정오</u>를 알리는 종소리가 울렸다　　　　(　　　　　)

(20) 우리 누나는 <u>팔방</u>미인이다　　　　(　　　　　)

Ⅷ. 다음 밑줄 친 漢字語(한자어)를 漢字(한자)로 쓰세요.

〈예(例)〉　한자 → 漢字

(1) 경기장 <u>내외</u>에는 많은 관중들이 들어찼다　　　　(　　　　　)

(2) <u>사물</u>을 정확히 봐야 한다　　　　(　　　　　)

(3) 인간만이 <u>직립</u> 보행을 한다　　　　(　　　　　)

(4) <u>왕명</u>을 거역하면 벌을 받는다　　　　(　　　　　)

(5) <u>남북</u>으로 흩어졌던 가족들이 모였다　　　　(　　　　　)

D-15

한자漢字쓰기

(6) 평민을 대표하여 회의에 참석했다　　　(　　　　)

(7) 우리 아버지는 읍장이시다　　　(　　　　)

(8) 논에는 많은 농부들이 모내기를 하고 있다　　　(　　　　)

(9) 삼촌은 휴학을 하고 군대에 갔다　　　(　　　　)

(10) 정원에는 백화가 만발하다　　　(　　　　)

(11) 남북으로 길이 나 있다　　　(　　　　)

(12) 나는 서울에서 출생했다　　　(　　　　)

(13) 철수와 영희는 사촌간이다　　　(　　　　)

(14) 강촌에도 봄이 왔다　　　(　　　　)

(15) 남녀 모두 참석해야만 한다　　　(　　　　)

(16) 아버지의 중대 발표가 있었다　　　(　　　　)

(17) 옛날에는 전기가 들어오지 않았다　　　(　　　　)

(18) 형제가 모두 연예인이다　　　(　　　　)

(19) 정오의 햇볕이 따갑다　　　(　　　　)

(20) 서태지는 가수이다　　　(　　　　)

IX. 다음 밑줄 친 漢字語(한자어)를 漢字(한자)로 쓰세요.

〈예(例)〉　한자 → 漢字

(1) 집에 일찍 돌아와서 안심이다　　　(　　　　)

(2) 우리 선생님은 교육에 열성적이시다　　　(　　　　)

(3) 나는 수학을 좋아 한다　　　(　　　　)

(4) 경로당에 노인들이 많다　　　(　　　　)

(5) 부모님의 은혜를 잊어서는 안 된다　　　(　　　　)

(6) 우리 학교 축구부는 유명하다　　　(　　　　)

(7) 마을 입구에서 내려 걸어왔다　　　(　　　　)

(8) 그는 나와 동성동본이다　　　(　　　　)

(9) 조상을 잘 섬겨야 한다　　　(　　　　)

D-15

한자漢字쓰기

(10) <u>주소</u>를 틀리게 적어 편지를 못 받았다 　　　　　（　　　　　）

(11) 일요일에 <u>형제</u>들이 모두 다 모였다 　　　　　（　　　　　）

(12) 삼촌이 <u>해군</u>에 입대했다 　　　　　（　　　　　）

(13) 국어 시간 다음에는 <u>자연</u> 시간이다 　　　　　（　　　　　）

(14) <u>산림</u>이 울창하다 　　　　　（　　　　　）

(15) 규칙적인 <u>생활</u>을 해야 한다 　　　　　（　　　　　）

(16) 나는 <u>매일</u> 착한 일을 한 가지씩 한다 　　　　　（　　　　　）

(17) 얼굴에 <u>생기</u>가 돈다 　　　　　（　　　　　）

(18) <u>공장</u>에서 많은 물건들이 만들어진다 　　　　　（　　　　　）

(19) 우리 아버지는 <u>농부</u>이다 　　　　　（　　　　　）

(20) <u>동구</u> 앞에는 느티나무가 있다 　　　　　（　　　　　）

D-14

필 순筆順

7. 필순筆順

| 필순筆順원칙 |

붓을 종이에 한 번 댔다가 자연스럽게 뗄 때까지 이루어진 점(·)이나 선(—)을 '획'이라 하고, 획을 그어 글자를 이루어가는 차례를 '필순(筆順)'이라 한다. 한자(漢字)는 다른 문자에 비하여 점과 획수가 많으며, 또한 이들 점과 획이 다양하게 교차하여 글자를 이루어낸다. 따라서 한자(漢字)를 쓸 때는 바른 자세로 바른 순서에 따라 맞게 써야 글자의 모양도 바르게 되고 쓰기도 쉽게 되며 획수도 정확히 셀 수 있다.

한자능력검정시험에서 처음으로 출제되는 유형입니다. 6급Ⅱ는 총 80문항 중 3문항, 6급은 총 90문항 중 3문항이 출제됩니다. 한자(漢字)는 점과 여러 획수가 다양하게 교차하여 이루어진 글자이기 때문에 평소에 정확한 필순을 익혀놓지 않으면 안 됩니다. 한자(漢字)는 순서에 맞게 써야만 글자의 모양도 바르게 되고 또한 쉽게 쓸 수 있습니다. 출제 된 예상문제들은 평소에 많이 혼동되어 쓰여지는 글자들입니다. 반복 연습을 통해 익히고 꼭 기억해 두세요.

■필순에는 다음과 같은 기본 원칙이 있다

(1) 위에서 아래로 쓴다.

　예) 三 (석 삼)　一 → 二 → 三

(2) 왼쪽에서 오른쪽으로 쓴다.

　예) 州 (고을 주)　丶→ ノ → ナ → 刈 → 州 → 州

(3) 가로와 세로가 교차할 때는 가로획을 먼저 쓰고 세로획은 나중에 쓴다.

　예) 十 (열 십)　一 → 十

(4) 좌우가 같을 때는 가운데를 먼저 쓴다.

D-14

필 순 筆順

예) 小 (작을 소) 亅 → 小 → 小

(5) 글자 전체를 꿰뚫는 세로획은 맨 나중에 쓴다.

예) 中 (가운데 중) 丨 → 口 → 口 → 中

(6) 글자 전체를 꿰뚫는 가로획은 맨 나중에 쓴다.

예) 女 (계집 녀) く → 女 → 女

(7) 삐침丿 을 파임乀 보다 먼저 쓴다.

예) 父 (아버지 부) ′ → ′′ → ′′ → 父

(8) 받침의 경우

① 받침을 나중에 쓰는 경우 辶, 廴

예) 近 (가까울 근) ′ → ′ → ′ → 斤 → 沂 → 沂 → 沂 → 近

② 받침을 먼저 쓰는 경우 是

예) 題 (제목 제) 丨 → 冂 → 冃 → 日 → 昰 → 是 → 是 → 題 → 題 → 題 → 題 → 題 → 題 → 題

필 순筆順

| 필순筆順 출제 예상문제 |

Ⅰ. 아래 漢字(한자)의 필순 순서를 숫자로 쓰시오.

(1) 九 자의 삐침(丿)은 몇 번째 쓰는지 번호로 쓰시오.　　　(　　　　)

(2) 力 자의 삐침(丿)은 몇 번째 쓰는지 번호로 쓰시오.　　　(　　　　)

(3) 夫 자의 삐침(丿)은 몇 번째 쓰는지 번호로 쓰시오.　　　(　　　　)

(4) 右 자의 삐침(丿)은 몇 번째 쓰는지 번호로 쓰시오.　　　(　　　　)

(5) 下 자의 丶는 몇 번째 쓰는지 번호로 쓰시오.　　　(　　　　)

Ⅱ. 아래 漢字(한자)를 필순대로 완성하시오.

(1) 左　　(2) 水　　(3) 十

(4) 內　　(5) 里　　(6) 市

(7) 火　　(8) 母　　(9) 入

(10) 七　　(11) 父　　(12) 文

(13) 方　　(14) 五　　(15) 玉

D-14

필 순 筆順

(16) 男 (17) 中 (18) 寸

(19) 小 (20) 北 (21) 世

(22) 山 (23) 永 (24) 平

(25) 土 (26) 用 (27) 出

동의어同義語

8. 동의어同義語

| 동의어同義語 단어 익히기 |

ㄱ 으로 시작하는 한자漢字

(   ) 家 = 室 ： 집 = 집   (   ) 歌 = 樂 ： 노래 = 노래

(   ) 計 = 算 ： 세다 = 셈   (   ) 共 = 同 ： 한가지 = 한가지

(   ) 教 = 訓 ： 가르치다 = 가르치다   (   ) 郡 = 邑 ： 고을 = 고을

(   ) 根 = 本 ： 뿌리 = 근본   (   ) 急 = 速 ： 급하다 = 빠르다

ㄷ 으로 시작하는 한자漢字

(   ) 大 = 太 ： 크다 = 크다   (   ) 道 = 路 ： 길 = 길

(   ) 度 = 式 ： 법도 = 법   (   ) 圖 = 畵 ： 그림 = 그림

(   ) 洞 = 郡 ： 고을 = 고을

ㅁ 으로 시작하는 한자漢字

(   ) 文 = 書 ： 글월 = 글   (   ) 文 = 章 ： 글월 = 글

ㅂ 으로 시작하는 한자漢字

(   ) 分 = 班 ： 나누다 = 나누다   (   ) 分 = 別 ： 나누다 = 나누다

ㅅ 으로 시작하는 한자漢字

(   ) 社 = 會 ： 모이다 = 모이다   (   ) 算 = 數 ： 셈 = 셈

D-13

동의어 同義語

(　　) 生 = 活 ： 살다 = 살다　　　　(　　) 書 = 章 ： 글 = 글

(　　) 樹 = 木 ： 나무 = 나무　　　　(　　) 身 = 體 ： 몸 = 몸

(　　) 室 = 堂 ： 집 = 집

ㅇ 으로 시작하는 한자漢字

(　　) 夜 = 夕 ： 밤 = 밤　　　　(　　) 言 = 語 ： 말씀 = 말씀

(　　) 永 = 遠 ： 길다 = 멀다　　　　(　　) 衣 = 服 ： 옷 = 옷

(　　) 里 = 村 ： 마을 = 마을

ㅈ 으로 시작하는 한자漢字

(　　) 才 = 術 ： 재주 = 재주　　　　(　　) 正 = 直 ： 바르다 = 곧다

ㅊ 으로 시작하는 한자漢字

(　　) 靑 = 綠 ： 푸르다 = 푸르다　　　　(　　) 出 = 生 ： 나다 = 나다

ㅌ 으로 시작하는 한자漢字

(　　) 土 = 地 ： 흙 = 땅

ㅎ 으로 시작하는 한자漢字

(　　) 學 = 習 ： 배우다 = 익히다　　　　(　　) 海 = 洋 ： 바다 = 큰 바다

(　　) 會 = 社 ： 모이다 = 모이다

D-13

동의어 同義語

| 동의어 同義語 쓰기 기출 예상문제 |

동의어는 6급Ⅱ에서는 출제되지 않고, 6급에서만 출제되는 유형입니다. 총 90문항 중에서 2문항이 출제됩니다. 출제는 주어진 문제의 한자와 뜻이 같은 글자를 〈보기〉에서 고르는 유형으로 나옵니다. 이런 문제 유형은 역시 훈(訓)과 음(音)을 익히는 연습을 평소에 철저히 하면 쉽게 풀 수 있는 문제입니다.

Ⅰ. 다음 漢字와 뜻이 비슷한 漢字를 골라 그 번호를 쓰세요.

(1) 在 (　)　　　① 有　② 信　③ 省　④ 病
(2) 村 (　)　　　① 里　② 本　③ 長　④ 區

Ⅱ. 다음 漢字와 뜻이 비슷한 漢字를 골라 그 번호를 쓰세요.

(1) 永 (　)　　　① 短　② 水　③ 長　④ 歌
(2) 章 (　)　　　① 文　② 川　③ 聞　④ 共

Ⅲ. 다음 漢字와 뜻이 비슷한 漢字를 골라 그 번호를 쓰세요.

(1) 計 (　)　　　① 山　② 算　③ 上　④ 邑
(2) 邑 (　)　　　① 面　② 意　③ 育　④ 洋

Ⅳ. 다음 漢字와 뜻이 비슷한 漢字를 골라 그 번호를 쓰세요.

(1) 言 (　)　　　① 位　② 語　③ 化　④ 方
(2) 圖 (　)　　　① 路　② 本　③ 道　④ 畫

D-13

동의어 同義語

Ⅴ. 다음 漢字와 뜻이 비슷한 漢字를 골라 그 번호를 쓰세요.

(1) 會 (   )　　　①上　②使　③事　④社
(2) 身 (   )　　　①心　②近　③體　④米

Ⅵ. 다음 漢字와 뜻이 비슷한 漢字를 골라 그 번호를 쓰세요.

(1) 衣 (   )　　　①出　②自　③校　④服
(2) 土 (   )　　　①地　②晝　③分　④合

Ⅶ. 다음 漢字와 뜻이 비슷한 漢字를 골라 그 번호를 쓰세요.

(1) 根 (   )　　　①口　②本　③自　④病
(2) 正 (   )　　　①植　②直　③式　④山

Ⅷ. 다음 漢字와 뜻이 비슷한 漢字를 골라 그 번호를 쓰세요.

(1) 敎 (   )　　　①訓　②本　③名　④靑
(2) 午 (   )　　　①晝　②注　③主　④由

Ⅸ. 다음 漢字와 뜻이 비슷한 漢字를 골라 그 번호를 쓰세요.

(1) 堂 (   )　　　①寸　②家　③村　④明
(2) 靑 (   )　　　①代　②有　③綠　④共

동음이의어 同音異義語

9. 동음이의어同音異義語

| 동음이의어同音異義語 단어 익히기 |

ㄱ 으로 시작하는 한자漢字

가 – 家(집), 歌(노래)

각 – 角(뿔), 各(각각)

강 – 江(강), 强(강하다)

계 – 界(지경), 計(세다)

고 – 高(높다), 苦(쓰다), 古(예)

공 – 工(장인), 空(비다), 公(공평하다), 功(공), 共(한가지)

과 – 科(과목), 果(실과)

교 – 校(학교), 敎(가르치다), 交(사귀다)

구 – 九(아홉), 口(입), 球(공), 區(구분하다)

군 – 軍(군사), 郡(고을)

근 – 根(뿌리), 近(가깝다)

금 – 金(쇠), 今(이제)

급 – 急(급하다), 級(등급)

기 – 氣(기운), 記(기록하다), 旗(기)

ㄴ 으로 시작하는 한자漢字

남 – 南(남녘), 男(사내)

ㄷ 으로 시작하는 한자漢字

대 – 大(크다), 代(대신하다), 對(대하다), 待(기다리다)

도 – 道(길), 圖(그림), 度(법도)

동 – 東(동녘), 動(움직이다), 洞(골), 同(한가지), 冬(겨울), 童(아이)

등 – 登(오르다), 等(무리)

D-12

동음이의어 同音異義語

ㄹ 으로 시작하는 한자漢字

레 – 例(법식), 禮(예도)

리 – 里(마을), 理(다스리다), 利(이하다), 李(오얏)

로 – 老(늙다), 路(길)

ㅁ 으로 시작하는 한자漢字

명 – 名(이름), 命(목숨), 明(밝다)

문 – 門(문), 文(글월), 問(묻다), 聞(듣다)

목 – 木(나무), 目(눈)

미 – 米(쌀), 美(아름답다)

ㅂ 으로 시작하는 한자漢字

반 – 反(돌아오다), 半(반), 班(나누다)

백 – 白(희다), 百(일백)

방 – 方(모), 放(놓다)

부 – 父(아비), 夫(지아비), 部(떼)

ㅅ 으로 시작하는 한자漢字

사 – 四(넉), 事(일), 社(모이다), 使(하여금), 死(죽다)

산 – 山(메), 算(셈)

석 – 夕(저녁), 石(돌), 席(자리)

성 – 姓(성), 成(이루다), 省(살피다)

수 – 水(물), 手(손), 數(셈), 樹(나무)

식 – 食(밥), 植(심다), 式(법)

실 – 室(집), 失(잃다)

서 – 西(서녘), 書(글)

선 – 先(먼저), 線(줄)

소 – 小(작다), 少(적다), 所(바), 消(사라지다)

시 – 市(저자), 時(때), 始(비로소)

신 – 信(믿다), 身(몸), 新(새롭다), 神(귀신)

ㅇ 으로 시작하는 한자漢字

야 – 野(들), 夜(밤)

약 – 弱(약하다), 藥(약)

동음이의어 同音異義語

양 – 洋(큰바다), 陽(볕)
오 – 五(다섯), 午(낮)
원 – 園(동산), 遠(멀다)
음 – 音(소리), 飮(마시다)
일 – 一(하나), 日(날)

영 – 英(꽃부리), 永(길다)
용 – 勇(날래다), 用(쓰다)
유 – 有(있다), 由(말미암다), 油(기름)
의 – 意(뜻), 醫(의원), 衣(옷)

ㅈ 으로 시작하는 한자漢字

자 – 自(스스로), 子(아들), 字(글자), 者(놈/사람)
장 – 長(길다), 場(마당), 章(글)
전 – 電(번개), 全(온전), 前(앞), 戰(싸우다)
제 – 弟(아우), 第(차례), 題(제목)
족 – 足(발), 族(겨레)
중 – 中(가운데), 重(무겁다)

작 – 昨(어제), 作(짓다)
재 – 才(재주), 在(있다)
정 – 正(바르다), 庭(뜰), 定(정하다)
조 – 祖(할아비), 朝(아침)
주 – 主(주인), 住(살다), 注(붓다), 晝(낮)
지 – 紙(종이), 地(땅)

ㅊ 으로 시작하는 한자漢字

천 – 川(내), 千(일천), 天(하늘)
촌 – 寸(마디), 村(마을)

청 – 靑(푸르다), 淸(맑다)

ㅎ 으로 시작하는 한자漢字

하 – 下(아래), 夏(여름)
행 – 幸(다행), 行(다니다)
화 – 火(불), 話(말씀), 花(꽃), 和(화하다), 畵(그림)

한 – 韓(한국), 漢(한수)
형 – 兄(형), 形(모양)

D-11

동음이의어 同音異義語

| 동음이의어同音異義語 쓰기 기출 예상문제 |

동음이의어는 6급Ⅱ에서는 출제되지 않고, 6급에서만 출제되는 유형입니다. 총 90문항 중에서 2문항이 출제됩니다. 출제는 주어진 문제의 한자와 소리는 같으나 뜻이 다른 글자를 〈보기〉에서 고르는 유형으로 나옵니다. 이런 문제 유형은 역시 훈(訓)과 음(音)을 익히는 연습을 평소에 철저히 하면 쉽게 풀 수 있는 문제입니다.

Ⅰ. 다음에서 소리는 같으나 뜻이 다른 漢字를 골라 그 번호를 쓰세요.

(1) 全 (　　)　　　① 寸　② 家　③ 戰　④ 明
(2) 形 (　　)　　　① 工　② 兄　③ 夕　④ 孝

Ⅱ. 다음에서 소리는 같으나 뜻이 다른 漢字를 골라 그 번호를 쓰세요.

(1) 花 (　　)　　　① 黃　② 畫　③ 寸　④ 洋
(2) 章 (　　)　　　① 然　② 習　③ 長　④ 育

Ⅲ. 다음에서 소리는 같으나 뜻이 다른 漢字를 골라 그 번호를 쓰세요.

(1) 空 (　　)　　　① 古　② 家　③ 校　④ 工
(2) 社 (　　)　　　① 四　② 山　③ 月　④ 行

Ⅳ. 다음에서 소리는 같으나 뜻이 다른 漢字를 골라 그 번호를 쓰세요.

(1) 行 (　　)　　　① 向　② 幸　③ 學　④ 明
(2) 米 (　　)　　　① 美　② 夕　③ 村　④ 別

D-11

동음이의어 同音異義語

Ⅴ. 다음에서 소리는 같으나 뜻이 다른 漢字를 골라 그 번호를 쓰세요.

(1) 反 (　)　　① 方　② 出　③ 近　④ 半
(2) 理 (　)　　① 綠　② 李　③ 村　④ 江

Ⅵ. 다음에서 소리는 같으나 뜻이 다른 漢字를 골라 그 번호를 쓰세요.

(1) 才 (　)　　① 長　② 題　③ 車　④ 在
(2) 氣 (　)　　① 江　② 記　③ 平　④ 邑

Ⅶ. 다음에서 소리는 같으나 뜻이 다른 漢字를 골라 그 번호를 쓰세요.

(1) 社 (　)　　① 算　② 夏　③ 秋　④ 使
(2) 音 (　)　　① 戰　② 全　③ 飮　④ 然

Ⅷ. 다음에서 소리는 같으나 뜻이 다른 漢字를 골라 그 번호를 쓰세요.

(1) 救 (　)　　① 九　② 少　③ 等　④ 明
(2) 身 (　)　　① 雪　② 新　③ 立　④ 體

Ⅸ. 다음에서 소리는 같으나 뜻이 다른 漢字를 골라 그 번호를 쓰세요.

(1) 角 (　)　　① 向　② 各　③ 學　④ 臣
(2) 話 (　)　　① 畵　② 幸　③ 郡　④ 夫

Ⅹ. 다음에서 소리는 같으나 뜻이 다른 漢字를 골라 그 번호를 쓰세요.

(1) 電 (　)　　① 弱　② 親　③ 會　④ 前

D-11

동음이의어 同音異義語

(2) 神 (　　)　　　① 臣　② 果　③ 堂　④ 通

XI. 다음에서 소리는 같으나 뜻이 다른 漢字를 골라 그 번호를 쓰세요.

(1) 席 (　　)　　　① 中　② 足　③ 石　④ 消
(2) 午 (　　)　　　① 世　② 五　③ 禮　④ 樂

XII. 다음에서 소리는 같으나 뜻이 다른 漢字를 골라 그 번호를 쓰세요.

(1) 族 (　　)　　　① 己　② 朝　③ 體　④ 足
(2) 園 (　　)　　　① 遠　② 速　③ 國　④ 明

부록

답안지 작성요령

실전모의고사

유형별 기출문제 실전연습 정답

실전모의고사 정답

OCR 답안지

　본 문제집에 수록된 실전모의고사 문제는 한자능력검정시험의 최근 기출 문제의 유형을 철저히 분석하여 유형에 따라 예상문제를 출제한 것입니다. 예상문제와 함께 실제의 답안지를 수록함으로써 직접 고사장에서 시험을 보는 것과 같은 연습을 반복할 수 있게 편집하였습니다. 이런 연습을 반복하면 시험을 치르는 적응력이 생기게 되어 시험 당일 고사장에서 당황하여 실수를 저지르는 것을 미연에 방지할 수 있습니다.

　먼저 답안지를 잘라서 정해진 시간 내에 문제를 풀어 보십시오. 답안이 작성되었으면 채점을 하여 틀린 부분을 공부하시고 직접 문제지에다 2차로 답안을 작성하시기 바랍니다. 모의고사 한 회당 두 번씩 반복 연습을 하시기 바랍니다.

　답안지 작성 요령은 다음과 같습니다. 잘 읽어보시고 그대로 따라 해주시기 바랍니다. 평소에 답안지 작성을 할 때 적응을 해 놓으면 시험 당일 실수를 하지 않습니다.

1. 문제지와 답안지를 받으면 제일 먼저 본인이 신청한 급수와 같은지 확인하셔야 합니다.
2. 확인이 끝났으면 성명과 주민등록번호 그리고 수험번호를 정확하게 기입하셔야 합니다. 성명을 쓰는 칸은 5칸으로 되어 있습니다. 맨앞에 있는 칸에서부터 빈칸 없이 차례대로 성과 이름을 채워나가시면 됩니다. 수험생의 이름은 한자(漢字)로 쓰는 것이 원칙입니다. 자신의 이름을 한자(漢字)로 쓸 수 있게끔 평소에 연습을 해 두세요. 주민등록번호나 수험번호는 가지고 간 수험표를 보고 그대로 작성하면 됩니다.
3. 답안 작성을 할 때 필기구는 반드시 검정색 볼펜이나 검정색 수성 볼펜 또는 검정색 플러스펜을 사용하셔야 합니다. 너무 굵은 필기구로 쓰면 획이 굵어서 글씨가 제대로 보이지 않아 불이익을 당할 수가 있습니다. 적당한 굵기의 필기구를 선택하시기 바랍니다. 주의할 점은 절대로 빨간색 펜을 사용하시면 안된다는 것입니다. OCR 답안지는 빨간색을 읽지 않도록 프로그래밍화 되어 있기 때문에 빨간색으로 쓰면 0점으로 처리가 됩니다. 연필로 답을 쓰면 글씨가 희미하여 잘 읽혀지지 않을 수 있습니다. 평소에 검정색 볼펜을 사용하여 연습하십시오.
4. 답을 쓸 때에는 정답 칸 안에 바른 글씨체로 또박또박 적어야 합니다. 너무 큰 글씨로 써서 정답 칸을 벗어나면 0점 처리가 되니 조심하십시오.
5. 답안지 작성 도중 답을 잘못 썼을 경우에는 수정테이프나 수정액을 사용하여 지우고 다시 쓰면 됩니다. 수정액이 없을 경우에는 잘못 쓴 답 위에다 두 줄을 긋고 다시 쓰셔도 됩니다.
6. 정답란에는 정답 외에 절대로 어떤 글씨도 적으면 안됩니다. 낙서를 하거나 구기거나 답안지를 찢으면 컴퓨터가 인식을 못하여 0점으로 처리될 수 있습니다. 간혹 채점란에다 장난으로 ○ 표시를 하여 채점을 해 놓는 경우가 있는데 이것 역시 0점으로 처리됩니다. 불이익을 당하지 않도록 조심하시기 바랍니다.

제1회 漢字能力檢定試驗 6級 Ⅱ 問題紙

(시험시간 : 50분)

(사) 한국어문회 · 한국한자능력검정회 　　　　　 ※ 문제지는 답안지와 함께 제출하세요.

1. 다음 漢字語의 讀音을 쓰세요. (1~32)

```
〈예〉
漢字 → 한자
```

(1) 家庭　　(2) 運用　　(3) 花草

(4) 反省　　(5) 電氣　　(6) 自習

(7) 平地　　(8) 特級　　(9) 夕陽

(10) 歌手　　(11) 出席　　(12) 會社

(13) 訓話　　(14) 强弱　　(15) 計算

(16) 對面　　(17) 飮食　　(18) 入口

(19) 禮式場　　(20) 遠近　　(21) 音樂

(22) 安心　　(23) 太陽　　(24) 問題

(25) 本部　　(26) 銀行　　(27) 昨年

(28) 文物　　(29) 讀書　　(30) 理由

(31) 身長　　(32) 工場

2. 다음 漢字의 訓(훈:뜻)과 音(음:소리)을 쓰세요.

(33~61)

```
〈예〉
字 → 글자 자
```

(33) 計　　(34) 晝　　(35) 半

(36) 同　　(37) 光　　(38) 雪

(39) 方　　(40) 幸　　(41) 油

(42) 綠　　(43) 線　　(44) 祖

(45) 孝　　(46) 戰　　(47) 弱

(48) 空　　(49) 庭　　(50) 永

(51) 全　　(52) 圖　　(53) 立

(54) 重　　(55) 直　　(56) 利

(57) 勇　　(58) 遠　　(59) 角

(60) 海　　(61) 來

3. 다음의 밑줄 친 漢字語를 漢字로 쓰세요.

(62~71)

(62) 1학기는 삼월에 시작한다.

(63) 우리 이모부는 군인이다.

(64) 사촌형과 함께 도서관에 다녀왔다.

(65) 목이 말라서 생수를 마셨다.

(66) 남대문은 우리나라 국보 1호이다.

(67) 방학 때는 학교에 가지 않는다.

(68) 오늘은 동생의 생일이다.

(69) 청산에서 살고 싶다.

(70) 겨울에는 실내와 실외의 온도가 많이 차이 난다.

(71) 우리나라는 남북으로 나뉘어져 있다.

4. 뜻이 서로 반대(상대)되는 漢字를 〈예〉에서 골라 번호를 답안지에 쓰세요.　　(72~73)

<예>

① 遠　② 內　③ 夕　④ 小　⑤ 夏

(72) 外　　　　　　　　(73) 大

5. 다음 漢字語의 알맞은 뜻을 쓰세요.

(74~75)

(74) 登山　　　　　　(75) 前後

6. 다음 ( )안의 글자에 해당하는 漢字를 〈예〉에서 찾아 번호를 쓰세요. (76~77)

<예>

① 明　　② 小　　③ 陽

④ 全　　⑤ 所　　⑥ 正

(76) 지구는 太( )의 둘레를 돈다.

(77) 교통사고로 失( )하여 앞이 안 보인다.

7. 다음 漢字의 筆順을 밝히세요.　　(78~80)

(78) 水 자에서 ㅣ은 몇 번째에 쓰는지 번호로 답하세요.

(79) 火 자의 쓰는 순서가 올바른 것을 고르세요.

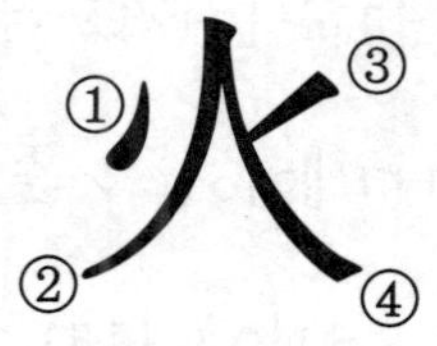

① 2-1-4-3　　　② 1-2-3-4

③ 1-2-4-3　　　④ 1-3-2-4

(80) 有 자에서 ノ는 몇 번째에 쓰는지 번호로 답하세요.

D-9 제2회 漢字能力檢定試驗 6級 Ⅱ 問題紙

(시험시간 : 50분)

(사) 한국어문회 · 한국한자능력검정회

※ 문제지는 답안지와 함께 제출하세요.

1. 다음 漢字語의 讀音을 쓰세요. (1~32)

```
     〈예〉
   漢字 → 한자
```

(1) 集合　　(2) 地圖　　(3) 農事

(4) 成功　　(5) 每日　　(6) 太平洋

(7) 使用　　(8) 讀書　　(9) 勝利

(10) 速度　　(11) 石油　　(12) 敎室

(13) 左右　　(14) 同窓會　　(15) 幸運

(16) 美男　　(17) 白色　　(18) 間食

(19) 成功　　(20) 親家　　(21) 電子

(22) 題目　　(23) 全體　　(24) 出發

(25) 病弱　　(26) 北半球　　(27) 孝道

(28) 直角　　(29) 中間　　(30) 住所

(31) 英語　　(32) 春分

2. 다음 漢字의 訓(훈:뜻)과 音(음:소리)을 쓰세요.

(33~61)

```
     〈예〉
  字 → 글자 자
```

(33) 習　　(34) 夫　　(35) 頭

(36) 才　　(37) 利　　(38) 在

(39) 里　　(40) 堂　　(41) 村

(42) 感　　(43) 淸　　(44) 米

(45) 族　　(46) 白　　(47) 植

(48) 用　　(49) 待　　(50) 飮

(51) 集　　(52) 號　　(53) 每

(54) 美　　(55) 目　　(56) 登

(57) 英　　(58) 意　　(59) 算

(60) 科　　(61) 老

3. 다음의 밑줄 친 漢字語를 漢字로 쓰세요.

(62~71)

(62) 저녁에 해는 서산으로 진다.

(63) 내 생일은 구월에 있다.

(64) 사촌 형은 대학생이다.

(65) 아버지는 중소기업에 다니신다.

(66) 필리핀에는 화산이 많다.

(67) 교실에서는 조용히 해야 한다.

(68) 나는 내년에 중학생이 된다.

(69) 신라시대에는 여왕이 많았다.

(70) 우리 선생님은 예쁘시다.

(71) 우리나라는 남북으로 길게 뻗어 있다.

4. 뜻이 서로 반대(상대)되는 漢字를 〈예〉에서 골라 번호를 답안지에 쓰세요.　　　(72~73)

〈예〉

① 答　② 近　③ 後　④ 苦　⑤ 冬

(72) 前　　　　　　　(73) 間

5. 다음 漢字語의 알맞은 뜻을 쓰세요.

(74~75)

(74) 手足　　　　　(75) 讀書

6. 다음 ( )안의 글자에 해당하는 漢字를 例에서 찾아 번호를 쓰세요.　(76~77)

〈예〉

① 二　　② 晝　　③ 黃
④ 動　　⑤ 道　　⑥ 明

(76) 부모님에게 孝( )를 해야 한다.

(77) 自( )車를 타고 시골에 다녀왔다.

7. 다음 漢字의 筆順을 밝히세요.　　(78~80)

(78) 九자에서 ノ는 몇 번째에 쓰는지 번호로 답하세요.

(79) ㉠획은 몇번째로 쓰는지 답하세요.

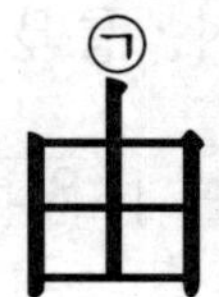

(80) 車자에서 ㅣ는 몇 번째에 쓰는지 번호로 답하세요.

D-8 제3회 漢字能力檢定試驗 6級 Ⅱ 問題紙

(시험시간 : 50분)

(사) 한국어문회 · 한국한자능력검정회

※ 문제지는 답안지와 함께 제출하세요.

1. 다음 漢字語의 讀音을 쓰세요. (1~32)

<예>

漢字 → 한자

(1) 名畵　　(2) 火山　　(3) 放心

(4) 農藥　　(5) 市民　　(6) 時代

(7) 集合　　(8) 合成　　(9) 東洋

(10) 金銀　　(11) 夏服　　(12) 全勝

(13) 安定　　(14) 記者　　(15) 家族

(16) 溫度　　(17) 正午　　(18) 子孫

(19) 區別　　(20) 植樹　　(21) 通話

(22) 幸運　　(23) 勇氣　　(24) 放火

(25) 庭園　　(26) 內外　　(27) 本業

(28) 問題　　(29) 利用　　(30) 感氣

(31) 自然　　(32) 書堂

2. 다음 漢字의 訓(훈:뜻)과 音(음:소리)을 쓰세요.

(33~61)

<예>

字 → 글자 자

(33) 定　　(34) 少　　(35) 業

(36) 面　　(37) 童　　(38) 昨

(39) 術　　(40) 發　　(41) 部

(42) 有　　(43) 省　　(44) 信

(45) 陽　　(46) 禮　　(47) 半

(48) 病　　(49) 育　　(50) 向

(51) 苦　　(52) 晝　　(53) 活

(54) 消　　(55) 形　　(56) 愛

(57) 黃　　(58) 紙　　(59) 由

(60) 失　　(61) 然

3. 다음의 밑줄 친 漢字語를 漢字로 쓰세요.

(62~71)

(62) 우리 할머니는 연세가 팔십세이다.

(63) 일요일에 부모님과 함께 산에 놀러갔다.

(64) 울릉도는 서울의 동쪽에 있다.

(65) 우리 반에는 학생이 모두 35명이다.

(66) 사촌형이 장난감을 사주셨다.

(67) 조회시간에 교장 선생님께서 좋은 말씀을

해 주셨다.

(68) 공룡 화석이 만년이나 되었다.

(69) 형제간에는 사이좋게 지내야 한다.

(70) 남대문 시장에는 많은 물건들이 있다.

(71) 군인들이 나라를 지켜준다.

4. 뜻이 서로 반대(상대)되는 漢字를 〈예〉에서 골라 번호를 답안지에 쓰세요. 　　(72~73)

〈예〉

① 中　② 外　③ 夜　④ 後　⑤ 少

(72) 內　　　　　　　　(73) 前

5. 다음 漢字語의 알맞은 뜻을 쓰세요.

(74~75)

(74) 晝夜　　　　　　　(75) 海風

6. 다음 ( )안의 글자에 해당하는 漢字를 〈예〉에서 찾아 번호를 쓰세요. 　　(76~77)

〈예〉

① 幸　　② 古　　③ 行

④ 長　　⑤ 路　　⑥ 言

(76) 시험에 합격을 해서 多( )이다.

(77) 자동차들이 道( )를 달리고 있다.

7. 다음 漢字의 筆順을 밝히세요. 　　(78~80)

(78) 父자에서 ノ는 몇 번째에 쓰는지 번호로 답하세요.

(79) 寸자의 쓰는 순서가 올바른 것을 고르세요.

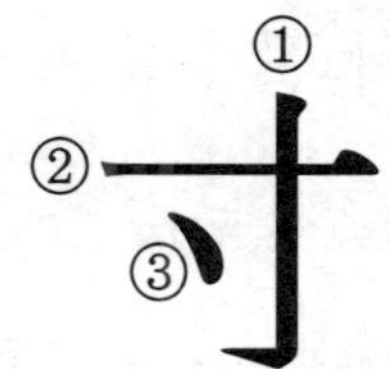

① 1-2-3　　　　② 1-3-4

③ 2-1-3　　　　④ 1-3-2

(80) 火자에서 ノ는 몇 번째에 쓰는지 번호로 답하세요.

제4회 漢字能力檢定試驗 6級 Ⅱ 問題紙

(시험시간 : 50분)

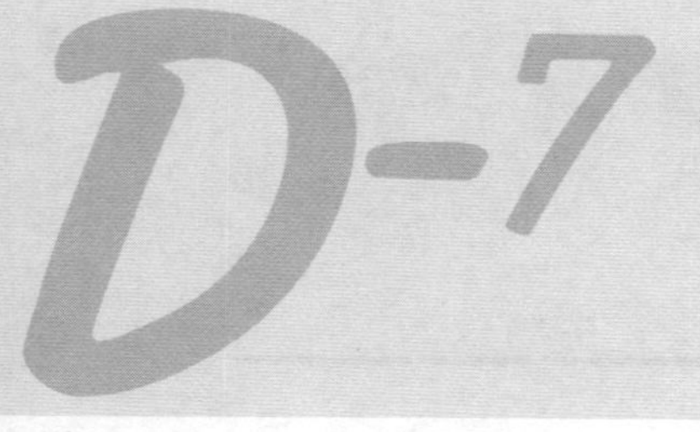

(사) 한국어문회 · 한국한자능력검정회

1. 다음 漢字語의 讀音을 쓰세요. (1~32)

> 〈예〉
>
> 漢字 → 한자

(1) 定式　　(2) 動物　　(3) 現代

(4) 同時　　(5) 直角　　(6) 電氣

(7) 八班　　(8) 地理　　(9) 平和

(10) 光線　　(11) 手術　　(12) 江山

(13) 衣服　　(14) 住所　　(15) 出口

(16) 庭園　　(17) 海洋　　(18) 社訓

(19) 上席　　(20) 世界　　(21) 夕陽

(22) 姓名　　(23) 路線　　(24) 失身

(25) 敎育　　(26) 親家　　(27) 美術

(28) 成功　　(29) 家族　　(30) 便安

(31) 體溫　　(32) 英特

2. 다음 漢字의 訓(훈:뜻)과 音(음:소리)을 쓰세요.

(33~61)

> 〈예〉
>
> 字 → 글자 자

(33) 成　　(34) 民　　(35) 長

(36) 式　　(37) 平　　(38) 利

(39) 今　　(40) 漢　　(41) 章

(42) 角　　(43) 作　　(44) 開

(45) 遠　　(46) 區　　(47) 線

(48) 第　　(49) 油　　(50) 幸

(51) 對　　(52) 孫　　(53) 族

(54) 花　　(55) 秋　　(56) 風

(57) 休　　(58) 度　　(59) 英

(60) 住　　(61) 祖

3. 다음의 밑줄 친 漢字語를 漢字로 쓰세요.

(62~71)

(62) 나는 학교에 가는 것이 즐겁다.

(63) 부모님은 우리들을 사랑하신다.

(64) 한강은 동서로 흐른다.

(65) 우리 삼촌은 씩씩한 청년이다.

(66) 유럽에는 백인이 많다.

(67) 우리 이모는 여군이다.

(68) 일요일은 내 생일이다.

(69) 서울에 서대문은 없다.

(70) 나는 우리 집의 장남이다.

(71) 사촌형과 함께 게임을 했다.

4. 뜻이 서로 반대(상대)되는 漢字를 〈예〉에서 골라 번호를 답안지에 쓰세요.   (72~73)

<예>

① 祖 ② 多 ③ 强 ④ 夜 ⑤ 大

(72) 畫   (73) 孫

5. 다음 漢字語의 알맞은 뜻을 쓰세요.

(74~75)

(74) 成功   (75) 北向

6. 다음 ( )안의 글자에 해당하는 漢字를 〈예〉에서 찾아 번호를 쓰세요.   (76~77)

<예>

① 植   ② 聞   ③ 川

④ 方   ⑤ 四   ⑥ 間

(76) 아침마다 新( )이 온다.

(77) 時( )을 아껴 써라.

7. 다음 漢字의 筆順을 밝히세요.   (78~80)

(78) 七자에서 一는 몇 번째에 쓰는지 번호로 답하세요.

(79) ㉠획은 몇번째로 쓰는지 번호로 답하세요.

(80) 中자의 쓰는 순서가 올바른 것을 고르세요.

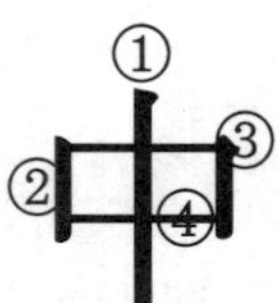

① 1-2-3-4   ② 1-3-4-2

③ 2-3-4-1   ④ 1-3-2-4

D-6 제5회 漢字能力檢定試驗 6級 Ⅱ 問題紙

(시험시간 : 50분)

(사) 한국어문회 · 한국한자능력검정회 　　　　※ 문제지는 답안지와 함께 제출하세요.

1. 다음 漢字語의 讀音을 쓰세요. (1~32)

> **〈예〉**
>
> 漢字 → 한자

(1) 衣服　　(2) 有名　　(3) 孝子

(4) 美術　　(5) 海洋　　(6) 開放

(7) 合同　　(8) 子孫　　(9) 世上

(10) 風雪　　(11) 自身　　(12) 空間

(13) 平和　　(14) 銀行　　(15) 萬病

(16) 野球　　(17) 出發　　(18) 番號

(19) 親族　　(20) 分數　　(21) 神話

(22) 便紙　　(23) 平地　　(24) 部分

(25) 勝利　　(26) 體溫　　(27) 新聞

(28) 洋藥　　(29) 草綠　　(30) 集合

(31) 家長　　(32) 特別市

2. 다음 漢字의 訓(훈:뜻)과 音(음:소리)을 쓰세요.

(33~61)

> **〈예〉**
>
> 字 → 글자 자

(33) 夏　　(34) 淸　　(35) 電

(36) 園　　(37) 命　　(38) 黃

(39) 面　　(40) 主　　(41) 孝

(42) 時　　(43) 幸　　(44) 番

(45) 力　　(46) 同　　(47) 草

(48) 通　　(49) 村　　(50) 光

(51) 果　　(52) 弱　　(53) 足

(54) 平　　(55) 物　　(56) 習

(57) 永　　(58) 者　　(59) 服

(60) 洋　　(61) 章

3. 다음의 밑줄 친 漢字語를 漢字로 쓰세요.

(62~71)

(62) 축구경기가 동대문 운동장에서 열렸다.

(63) 남북 회담이 열렸다.

(64) 대한민국!

(65) 초등학교는 육년 동안 다닌다.

(66) 엄마와 나는 모녀 사이다.

(67) 아버지는 우리 집의 왕이시다.

(68) 추석은 음력 팔월 십오일이다.

(69) 나는 4학년 2반이다.

(70) 우리나라 국토를 깨끗이 하자.

(71) 내 생일은 12월 25일이다.

4. 뜻이 서로 반대(상대)되는 漢字를 〈예〉에서 골라 번호를 답안지에 쓰세요.　　(72~73)

〈예〉

① 前　② 弱　③ 大　④ 少　⑤ 夏

(72) 老　　　　　　　　(73) 强

5. 다음 漢字語의 알맞은 뜻을 쓰세요.

(74~75)

(74) 古今　　　　　　(75) 遠近

6. 다음 ( )안의 글자에 해당하는 漢字를 〈예〉에서 찾아 번호를 쓰세요.　　(76~77)

〈예〉

① 光　　② 安　　③ 衣
④ 小　　⑤ 高　　⑥ 物

(76) 놀이동산에 가서 植( )과 동물들을 많이 보았다.

(77) 우리는 白( ) 민족이다.

7. 다음 漢字의 筆順을 밝히세요.　　(78~80)

(78) ㉠획은 몇 번째에 쓰는지 번호로 답하세요.

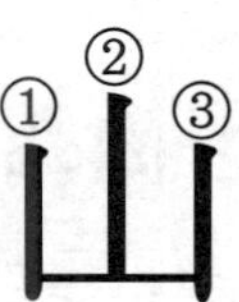

(79) 四자에서 ノ는 몇 번째에 쓰는지 번호로 답하세요.

(80) 山자의 쓰는 순서가 올바른 것을 고르세요.

① 1-2-3　　　　② 1-3-2
③ 2-1-3

제1회 漢字能力檢定試驗 6級 問題紙

(시험시간 : 50분)

(사) 한국어문회 · 한국한자능력검정회 　　　　　※ 문제지는 답안지와 함께 제출하세요.

1. 다음 漢字語의 讀音을 쓰세요. (1~33)

> 〈예〉
>
> 漢字 → 한자

(1) 算數　　(2) 古今　　(3) 空軍

(4) 苦行　　(5) 社會　　(6) 道路

(7) 韓國　　(8) 敎室　　(9) 衣服

(10) 陽地　　(11) 活動　　(12) 花園

(13) 窓門　　(14) 祖父　　(15) 特食

(16) 出席　　(17) 表面　　(18) 勝運

(19) 理由　　(20) 休校　　(21) 體力

(22) 親庭　　(23) 母親　　(24) 强弱

(25) 各界　　(26) 童話　　(27) 直線

(28) 晝夜　　(29) 家族　　(30) 三角

(31) 集合　　(32) 發光　　(33) 新聞

2. 다음 漢字의 訓(훈:뜻)과 音(음:소리)을 쓰세요.

(34~55)

> 〈예〉
>
> 字 → 글자 자

(34) 心　　(35) 每　　(36) 集

(37) 部　　(38) 窓　　(39) 角

(40) 京　　(41) 由　　(42) 野

(43) 區　　(44) 永　　(45) 重

(46) 韓　　(47) 號　　(48) 半

(49) 苦　　(50) 共　　(51) 紙

(52) 冬　　(53) 然　　(54) 旗

(55) 村

3. 다음의 밑줄 친 漢字語를 漢字로 쓰세요.

(56~75)

(56) 가수는 노래를 잘한다.

(57) 토요일에는 오전에 수업이 끝난다.

(58) 교실에서는 뛰어다니면 안 된다.

(59) 대문에 태극기를 달았다.

(60) 우리나라의 자연은 아름답다.

(61) 봄과 가을을 춘추라고 한다.

(62) 우리 형제는 사이가 좋다.

(63) 일요일에 부모님과 함께 산에 놀러 갔다.

(64) 인간은 사회적 동물이다.

(65) 길을 건널 때에는 좌우를 잘 살펴보아야 한다.

(66) 도로가 팔방으로 뻗어 있다.

(67) 교실 정면에는 태극기가 걸려 있다.

(68) 식사하기 직전에는 손을 씻어야 한다.

(69) 나는 산수 과목을 좋아한다.

(70) 우리 이모는 지방에 사신다.

(71) 아버지는 효자이다.

(72) 동남풍의 따뜻한 바람이 불어온다.

(73) 세상은 넓고 크다.

(74) 시장에는 많은 물건들이 있다.

(75) 아침 등교 길에 문방구에 들렀다.

4. 다음 漢字의 反對 또는 相對字(상대자)를 골라 번호를 쓰세요. (76~78)

(76) 老 : ① 光 ② 小 ③ 衣 ④ 少

(77) 新 : ① 古 ② 强 ③ 口 ④ 記

(78) 兄 : ① 內 ② 弟 ③ 長 ④ 分

5. 다음 ( )안에 들어갈 漢字를 〈예〉에서 찾아 그 번호를 쓰세요. (79~81)

〈예〉

① 石　　② 明　　③ 日
④ 夕　　⑤ 才　　⑥ 親

(79) 父子有( )　　　　(80) 電光( )火

(81) 天地神( )

6. 다음 漢字와 뜻이 비슷한 漢字를 골라 그 번호를 쓰세요. (82~83)

(82) 身 : ① 夫 ② 體 ③ 二 ④ 西

(83) 根 : ① 由 ② 今 ③ 川 ④ 本

7. 다음에서 소리는 같으나 뜻이 다른 漢字를 골라 그 번호를 쓰세요. (84~85)

(84) 美 : ① 民 ② 米 ③ 太 ④ 大

(85) 行 : ① 形 ② 果 ③ 體 ④ 幸

8. 다음 뜻을 가진 단어를 쓰세요. (86~87)

〈예〉

몸무게 → 체중

(86) 먹을 것과 마실 것

(87) 삶과 죽음

9. 다음 漢字의 筆順을 밝히세요. (88~90)

(88) 母자에서 一는 몇 번째에 쓰는지 번호로 답하세요.

(89) ㉠획은 몇번째로 쓰는지 번호로 답하세요.

(90) 十자에서 一는 몇 번째에 쓰는지 번호로 답하세요.

D-4 제2회 漢字能力檢定試驗 6級 問題紙

(시험시간 : 50분)

(사) 한국어문회 · 한국한자능력검정회

※ 문제지는 답안지와 함께 제출하세요.

1. 다음 漢字語의 讀音을 쓰세요.　(1~33)

<예>

漢字　→　한자

(1) 銀行	(2) 安定	(3) 別世
(4) 時速	(5) 昨年	(6) 通路
(7) 白米	(8) 現在	(9) 特別
(10) 教室	(11) 感動	(12) 太陽
(13) 教習	(14) 農土	(15) 强直
(16) 高級	(17) 和合	(18) 題目
(19) 歌手	(20) 名醫	(21) 便利
(22) 交代	(23) 永遠	(24) 民族
(25) 言語	(26) 全部	(27) 分班
(28) 道理	(29) 信用	(30) 部分
(31) 姓名	(32) 幸運	(33) 答信

2. 다음 漢字의 訓(훈:뜻)과 音(음:소리)을 쓰세요.

(34~55)

<예>

字　→　글자 자

(34) 會	(35) 感	(36) 發
(37) 雪	(38) 來	(39) 活
(40) 植	(41) 多	(42) 頭
(43) 美	(44) 界	(45) 高

(46) 園	(47) 戰	(48) 合
(49) 火	(50) 夫	(51) 勇
(52) 勝	(53) 黃	(54) 孫
(55) 英		

3. 다음의 밑줄 친 漢字語를 漢字로 쓰세요.

(56~75)

(56) 날마다 잠자기 전에 일기를 쓴다.

(57) 누나가 학교를 휴학하였다.

(58) 우리 가족은 매월 마지막 주말에 등산을 간다.

(59) 소방차가 출동하였다.

(60) 동네 입구에 커다란 나무가 서 있다.

(61) 감기약은 식후에 먹어야 한다.

(62) 기미년 삼월 일일 정오.

(63) 시의 대표자를 시장이라고 한다.

(64) 건강을 위해서는 소식해야 한다.

(65) 우리 누나는 팔방미인이다.

(66) 길 좌우에 가로수가 서 있다.

(67) 식사하기 전에는 손을 씻어야 한다.

(68) 우리 할아버지 춘추는 70세이시다.

(69) 소년과 소녀들이 춤을 춘다.

(70) 마을 회관에 청년들이 모여 있다.

(71) 가문의 영광.

(72) 어제 밤에는 전기가 나가 어두웠다.

(73) 눈이 그쳐서 안심이다.

(74) 내 동생은 마을에서 유명하다.

(75) 우리 부모님은 교육에 열성적이다.

4. 다음 漢字의 反對 또는 相對字(상대자)를 골라 번호를 쓰세요.　(76~78)

(76) 手 : ① 門 ② 朝 ③ 足 ④ 江
(77) 多 : ① 運 ② 小 ③ 速 ④ 少
(78) 弱 : ① 戰 ② 强 ③ 交 ④ 由

5. 다음 ( )안에 들어갈 漢字를 〈예〉에서 찾아 그 번호를 쓰세요.　(79~81)

> 〈예〉
> ① 心　　② 速　　③ 北
> ④ 草　　⑤ 春　　⑥ 醫

(79) 山川( )木　　　　(80) 高( )道路
(81) 韓方( )術

6. 다음 漢字와 뜻이 비슷한 漢字를 골라 그 번호를 쓰세요.　(82~83)

(82) 村 : ① 計 ② 李 ③ 里 ④ 下
(83) 樹 : ① 木 ② 東 ③ 角 ④ 安

7. 다음에서 소리는 같으나 뜻이 다른 漢字를 골라 그 번호를 쓰세요.　(84~85)

(84) 和 : ① 火 ② 七 ③ 南 ④ 方
(85) 永 : ① 然 ② 英 ③ 衣 ④ 孝

8. 다음 뜻을 가진 단어를 쓰세요.　(86~87)

> 〈예〉
> 몸무게 → 체중

(86) 흰 종이
(87) 길고 짧음

9. 다음 漢字의 筆順을 밝히세요.　(88~90)

(88) 女자의 쓰는 순서가 올바른 것을 고르세요.

① 1-2-3　　　　② 1-3-2
③ 2-1-3

(89) 木 자에서 ㅣ은 몇 번째에 쓰는지 번호로 답하세요.

(90) 方자의 쓰는 순서가 올바른 것을 고르세요.

① 2-1-4-3　　　② 1-2-3-4
③ 1-2-4-3　　　④ 1-3-2-4

제3회 漢字能力檢定試驗 6級 問題紙

(시험시간 : 50분)

(사) 한국어문회 · 한국한자능력검정회 　　　　　　　※ 문제지는 답안지와 함께 제출하세요.

1. 다음 漢字語의 讀音을 쓰세요.　(1~33)

<예>

漢字　→　한자

(1) 學業	(2) 使用	(3) 特別
(4) 地球	(5) 動物	(6) 窓門
(7) 番號	(8) 孝道	(9) 世習
(10) 氣運	(11) 强弱	(12) 里長
(13) 社交	(14) 洋藥	(15) 根本
(16) 王孫	(17) 出席	(18) 秋夕
(19) 草綠	(20) 醫術	(21) 地圖
(22) 西海	(23) 小便	(24) 答信
(25) 植樹	(26) 注油	(27) 親族
(28) 電氣	(29) 表面	(30) 公開
(31) 書式	(32) 例外	(33) 長短

2. 다음 漢字의 訓(훈:뜻)과 音(음:소리)을 쓰세요.

(34~55)

<예>

字　→　글자 자

(34) 朝	(35) 病	(36) 海
(37) 場	(38) 樹	(39) 綠
(40) 野	(41) 永	(42) 林
(43) 全	(44) 光	(45) 畫

(46) 靑	(47) 王	(48) 角
(49) 堂	(50) 命	(51) 窓
(52) 萬	(53) 面	(54) 式
(55) 愛		

3. 다음의 밑줄 친 漢字語를 漢字로 쓰세요.

(56~75)

(56) 영희와 나는 동성 동본이다.

(57) 방학 때에도 규칙적인 생활을 해야 한다.

(58) 얼굴에 생기가 돈다.

(59) 식목일은 나무를 심는 날이다.

(60) 군대 간 형에게 편지를 썼다.

(61) 노인을 공경해야 한다.

(62) 언제나 시간을 잘 지켜야 한다.

(63) 우리나라는 대한민국이다.

(64) 동서쪽에서 바람이 분다.

(65) 나는 산수 시간이 좋다.

(66) 우리 학교는 지방에 있다.

(67) 형제는 용감했다.

(68) 집에서 편안히 쉬어라.

(69) 우리 학교 춘추복은 파란색이다.

(70) 산에는 초목이 무성하다.

(71) 천명을 어기면 안 된다.

(72) 밤에는 대문을 잘 잠가야 한다.

(73) 이번 휴일에는 놀이동산에 갈 것이다.

(74) 우리나라는 반만년의 역사를 갖고 있다.

(75) 하교 길에 서점에 들려 책을 샀다.

4. 다음 漢字의 反對 또는 相對字(상대자)를 골라 번호를 쓰세요.　(76~78)

(76) 外 : ① 內 ② 子 ③ 美 ④ 夕

(77) 短 : ① 始 ② 言 ③ 米 ④ 長

(78) 問 : ① 大 ② 答 ③ 秋 ④ 南

5. 다음 ( )안에 들어갈 漢字를 〈예〉에서 찾아 그 번호를 쓰세요.　(79~81)

〈예〉

① 淸　　② 工　　③ 靑

④ 兄　　⑤ 樂　　⑥ 內

(79) 生死苦( )　　　　(80) 土木( )事

(81) ( )風明月

6. 다음 漢字와 뜻이 비슷한 漢字를 골라 그 번호를 쓰세요.　(82~83)

(82) 文 : ① 長 ② 白 ③ 章 ④ 左

(83) 邑 : ① 意 ② 畵 ③ 英 ④ 面

7. 다음에서 소리는 같으나 뜻이 다른 漢字를 골라 그 번호를 쓰세요.　(84~85)

(84) 庭 : ① 全 ② 自 ③ 正 ④ 章

(85) 共 : ① 工 ② 校 ③ 九 ④ 夕

8. 다음 뜻을 가진 단어를 쓰세요.　(86~87)

〈예〉

몸무게 → 체중

(86) 몸과 마음

(87) 오늘

9. 다음 漢字의 筆順을 밝히세요.　(88~90)

(88) 中자에서 ｜은 몇 번째에 쓰는지 번호로 답하세요.

(89) 千자의 쓰는 순서가 올바른 것을 고르세요.

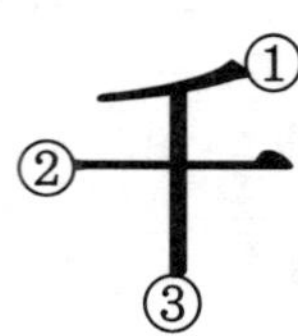

① 2-1-3　　　② 1-2-3

③ 1-3-2

(90) 男자에서 ㉠은 몇 번째에 쓰는지 번호로 답하세요.

男

제4회 漢字能力檢定試驗 6級 問題紙

(시험시간 : 50분)

(사) 한국어문회 · 한국한자능력검정회　　　　　※ 문제지는 답안지와 함께 제출하세요.

1. 다음 漢字語의 讀音을 쓰세요. (1~33)

〈예〉

漢字　→　한자

(1) 記者	(2) 別世	(3) 內科
(4) 黃色	(5) 通路	(6) 公開
(7) 始作	(8) 有線	(9) 英才
(10) 會社	(11) 白球	(12) 晝間
(13) 樂園	(14) 通信	(15) 溫度
(16) 運動	(17) 勇氣	(18) 醫術
(19) 飮食	(20) 王孫	(21) 區別
(22) 讀書	(23) 安全	(24) 班長
(25) 苦待	(26) 表面	(27) 母親
(28) 敎訓	(29) 名畵	(30) 火急
(31) 休校	(32) 植木	(33) 韓國

2. 다음 漢字의 訓(훈:뜻)과 音(음:소리)을 쓰세요.

(34~55)

〈예〉

字　→　글자 자

(34) 習	(35) 書	(36) 幸
(37) 始	(38) 飮	(39) 京
(40) 南	(41) 班	(42) 短
(43) 放	(44) 注	(45) 有
(46) 聞	(47) 待	(48) 使
(49) 風	(50) 急	(51) 童
(52) 開	(53) 育	(54) 林
(55) 郡		

3. 다음의 밑줄 친 漢字語를 漢字로 쓰세요.

(56~75)

(56) 날마다 걸어서 <u>등교</u>한다.

(57) <u>전화</u>는 예의 바르게 받아야 한다.

(58) <u>차도</u>에서는 놀면 안 된다.

(59) 우리 <u>학교</u>는 지방에 있다.

(60) 내년에 아파트에 <u>입주</u>한다.

(61) <u>시간</u> 약속을 잘 지키자.

(62) 형이 <u>해군</u>에 입대했다.

(63) <u>정오</u>의 햇살이 따스하다.

(64) 나는 <u>자연</u> 시간에 실험하는 것이 즐겁다.

(65) 우리 학교는 <u>유명</u>하다.

(66) 우리 삼촌은 <u>공군</u>이다.

(67) 무대 위로 주인공이 <u>등장</u>한다.

(68) 올해 <u>농사</u>는 풍년이다.

(69) 마라톤 대회에 <u>전국</u>에서 많은 사람들이 모였다.

(70) 눈이 많이 와서 학교가 <u>휴교</u>했다.

(71) <u>조상</u>을 공경해야 한다.

(72) 도시의 <u>공기</u> 오염이 심각하다.

(73) 순이와 <u>동시</u>에 출발하였다.

(74) 소방차가 출동하였다.

(75) 심청이는 <u>효녀</u>이다.

4. 다음 漢字의 反對 또는 相對字(상대자)를 골라 번호를 쓰세요.　(76~78)

(76) 死 : ① 外 ② 生 ③ 火 ④ 主

(77) 水 : ① 南 ② 冬 ③ 月 ④ 火

(78) 晝 : ① 入 ② 言 ③ 夜 ④ 弱

5. 다음 ( )안에 들어갈 漢字를 〈예〉에서 찾아 그 번호를 쓰세요.　(79~81)

〈예〉		
① 四	② 花	③ 作
④ 頭	⑤ 永	⑥ 孫

(79) 白( )山　　　　　(80) 子( )萬代

(81) ( )心三日

6. 다음 漢字와 뜻이 비슷한 漢字를 골라 그 번호를 쓰세요.　(82~83)

(82) 語 : ① 形 ② 言 ③ 心 ④ 全

(83) 圖 : ① 音 ② 用 ③ 兄 ④ 畫

7. 다음에서 소리는 같으나 뜻이 다른 漢字를 골라 그 번호를 쓰세요.　(84~85)

(84) 四 : ① 社 ② 小 ③ 明 ④ 雪

(85) 半 : ① 方 ② 班 ③ 分 ④ 在

8. 다음 뜻을 가진 단어를 쓰세요.　(86~87)

〈예〉
몸무게 → 체중

(86) 바람이 부는 방향

(87) 손과 발

9. 다음 漢字의 筆順을 밝히세요.　(88~90)

(88) 米자에서 一은 몇 번째에 쓰는지 번호로 답하세요.

(89) 入자에서 ㉠은 몇 번째에 쓰는지 번호로 답하세요.

(90) 才자에서 ㅣ은 몇 번째에 쓰는지 번호로 답하세요.

제5회 漢字能力檢定試驗 6級 問題紙

(시험시간 : 50분)

(사) 한국어문회 · 한국한자능력검정회　　　　　　※ 문제지는 답안지와 함께 제출하세요.

---

1. 다음 漢字語의 讀音을 쓰세요.　(1~33)

<예>

漢字　→　한자

(1) 道理　　(2) 學校　　(3) 住所

(4) 表題　　(5) 地形　　(6) 場所

(7) 根本　　(8) 感氣　　(9) 靑色

(10) 特別　　(11) 時間　　(12) 成功

(13) 例外　　(14) 同意　　(15) 溫水

(16) 東海　　(17) 長短　　(18) 向學

(19) 道路　　(20) 對話　　(21) 反省

(22) 童心　　(23) 番號　　(24) 生死

(25) 戰車　　(26) 身體　　(27) 事業

(28) 男女　　(29) 速度　　(30) 孫子

(31) 算術　　(32) 韓醫　　(33) 孝子

2. 다음 漢字의 訓(훈:뜻)과 音(음:소리)을 쓰세요.

(34~55)

<예>

字　→　글자 자

(34) 理　　(35) 庭　　(36) 昨

(37) 花　　(38) 時　　(39) 王

(40) 計　　(41) 淸　　(42) 等

(43) 者　　(44) 油　　(45) 集

(46) 形　　(47) 開　　(48) 男

(49) 銀　　(50) 住　　(51) 區

(52) 路　　(53) 黃　　(54) 第

(55) 歌

3. 다음의 밑줄 친 漢字語를 漢字로 쓰세요.

(56~75)

(56) 매일 아침 신문이 온다.

(57) 동물원에는 동물이 많다.

(58) 일요일에는 외식을 하러 갔다.

(59) 우리나라 농촌의 풍경은 매우 아름답다.

(60) 부모님의 은혜는 하늘과 같다.

(61) 할아버지는 수족이 불편하시다.

(62) 오늘 할 일을 내일로 미루지 말라.

(63) 팔도 강산에 봄이 찾아 왔다.

(64) 편지가 집 주소로 배달되었다.

(65) 동화 속에는 수많은 인물들이 등장한다.

(66) 마을 회관에 청년들이 모여 있다.

(67) 사방에서 노래 소리가 들려온다.

(68) 엄마가 시장에서 맛있는 것을 사오셨다.

(69) 왕명을 거역하면 벌을 받는다.

(70) 사물을 똑바로 쳐다봐야 한다.

(71) 나는 산수 시간이 좋다.

(72) 정원에는 백화가 만발하여 아름다웠다.

(73) 우리 식구는 모두 네 명이다.

(74) 산림이 울창하다.

(75) 형이 해군에 입대 하였다.

4. 다음 漢字의 反對 또는 相對字(상대자)를 골라 번호를 쓰세요. (76~78)

(76) 先 : ① 後 ② 古 ③ 本 ④ 公
(77) 冬 : ① 先 ② 不 ③ 夏 ④ 白
(78) 苦 : ① 父 ② 金 ③ 今 ④ 樂

5. 다음 ( )안에 들어갈 漢字를 〈예〉에서 찾아 그 번호를 쓰세요. (79~81)

〈예〉

① 四　　② 發　　③ 姓
④ 足　　⑤ 事　　⑥ 手

(79) 同( )同本　　　　　(80) 年中行( )
(81) 百( )百中

6. 다음 漢字와 뜻이 비슷한 漢字를 골라 그 번호를 쓰세요. (82~83)

(82) 堂 : ① 石 ② 家 ③ 寸 ④ 土
(83) 在 : ① 由 ② 有 ③ 平 ④ 淸

7. 다음에서 소리는 같으나 뜻이 다른 漢字를 골라 그 번호를 쓰세요. (84~85)

(84) 全 : ① 江 ② 車 ③ 京 ④ 戰
(85) 新 : ① 光 ② 身 ③ 衣 ④ 書

8. 다음 뜻을 가진 단어를 쓰세요. (86~87)

〈예〉

몸무게 → 체중

(86) 많이 읽음
(87) 아침과 저녁

9. 다음 漢字의 筆順을 밝히세요. (88~90)

(88) 由자에서 丨는 몇 번째에 쓰는지 번호로 답하세요.
(89) 國자에서 丶는 몇 번째에 쓰는지 번호로 답하세요.
(90) 土자에서 丨는 몇 번째에 쓰는지 번호로 답하세요.

한자능력검정시험
유형별 기출문제 실전연습 정답

19쪽

가문, 가사, 가수, 가장, 가정, 가족, 각계, 각자, 감기, 감동, 강남, 강력, 강약, 강촌, 개방, 개시, 개업, 개폐, 개학, 계산, 고금, 고급, 고대, 고락, 고속, 고심, 고저, 공간, 공감, 공공, 공군, 공금, 공기, 공명심, 공부, 공사, 공식, 공신, 공원, 공장, 공중, 공평, 과목, 과수, 과연, 광명, 광선, 교가, 교감

20쪽

교과서, 교기, 교내, 교문, 교신, 교실, 교육, 교통, 교훈, 교훈, 구간, 구두, 구별, 구분, 구월, 국가, 국가, 국기, 국력, 국립, 국민, 국화, 군가, 군기, 군내, 군사, 군수, 군인, 근래, 근본, 근해, 금년, 금일, 급수, 급행, 기력, 기사, 기색, 기입, 기자 / 남녀노소, 남동, 남문, 남북, 남자, 남편, 남학생, 내년, 내면, 내세

21쪽

내실, 내심, 내외, 내일, 노년, 노모, 노소, 노약자, 노인, 녹지, 농민, 농부, 농사, 농약, 농지, 농촌, 농토

22쪽

다량, 다소, 다행, 단명, 단신, 답지, 대답, 대동, 대등, 대성, 대식가, 대신, 대양, 대용, 대학, 대한, 대합실, 대행, 대화, 도로, 도리, 도립, 도인, 도장, 도표, 독서, 독자, 동구, 동급, 동력, 동리, 동명, 동문서답, 동물, 동민, 동서, 동성, 동수, 동시, 동심, 동심, 동양, 동일, 동일, 동장, 동천, 동해, 동화, 두각, 등교, 등분, 등산, 등장

23쪽

만국기, 만리, 만물, 만병, 만사, 매년, 매번, 매사, 매시, 매월, 매일, 면전, 면회, 명명, 명명백백, 명문, 명물, 명소, 명언, 모자, 목례, 목전, 목화, 문과, 문답, 문물, 문장, 문제, 문학, 미식가, 미음, 미인 / 반대, 반성, 반장, 발광, 발명, 발병, 발생, 발신, 발표, 방금, 방면, 방식, 방학, 백기, 백년, 백미, 백방, 백설

24쪽

백성, 백의민족, 백주, 백지, 번호, 변소, 별명, 별세, 병실, 복용, 본명, 본성, 본업, 부모, 부분, 부왕, 부인, 부자연, 부정, 부족, 부형, 북해, 분야, 분업, 불문, 불안, 불편, 불평, 불행, 불효

25쪽

사교, 사물, 사방, 사별, 사용, 사활, 사회, 산림, 산수, 산수, 산천초목, 산촌, 산출, 삼각형, 삼촌, 상공, 상의, 상하좌우, 색색, 색지, 생명, 생화, 생모, 생육, 생일, 생활, 서당, 서해, 서화, 석두, 석식, 석양, 석유, 선산, 선생, 선조, 설경, 성공, 성과, 성명, 세계, 세도, 세상만사, 소녀, 소문, 소실, 소변, 소인, 소유, 소재지, 소중, 소화, 소화, 속도, 속독

26쪽

속력, 손자, 수공, 수기, 수동, 수목, 수석, 수술, 수족, 수중, 수학, 수화, 승리, 승산, 승자, 시간, 시계, 시공, 시급, 시립, 시민, 시사, 시작, 시장, 식구, 식당, 식목일, 식사, 식생활, 식수, 식수, 식음, 식장, 신년, 신동, 신록, 신문, 신식, 신용, 신자, 신장, 실내, 실례, 실명, 실수, 실신, 실언, 실업, 심중, 십년, 십일 / 안락, 안심, 안전, 애국

27쪽

애독, 애용, 야생, 야외, 야학, 약소, 약초, 양약, 양옥, 어학, 언행, 여군, 여왕, 역부족, 연로, 연수, 연장자, 영생, 영어, 영원, 영재, 영주, 예식, 오일, 오전, 오후, 온도, 온수, 온실, 온화, 왕가, 왕국, 왕실, 왕자, 외계인, 외교, 외국어, 외래어, 외식, 외출, 용기, 용도, 용사, 운동, 운명, 원근, 유래, 유리, 유명, 유사시, 유월, 육림, 육일, 육촌, 은행, 음독, 음색

28쪽

음식, 음악, 읍내, 읍민, 읍장, 이장, 의도, 의복, 의술, 의식주, 이유, 인간, 인구, 인기, 인도, 인명, 인명, 인편, 인생, 일기, 일기, 일심, 일월, 임목, 입구, 입국, 입동, 입사, 입실, 입장, 입주, 입추, 입춘, 입하, 입학

29쪽

자국민, 자녀, 자동, 자립, 자문자답, 자성, 자손, 자습, 자신, 자연, 자유, 자제, 자족, 자주, 작가, 작가, 작금, 작년, 작동, 작일, 장강, 장남, 장단, 장대, 장면, 장자, 전국민, 전기, 전동, 전력, 전력, 전면, 전방, 전부, 전차, 전체, 전화, 전후좌우, 정문, 정시, 정오, 정원, 정자, 정직, 제목, 제삼자, 제일, 제자, 조국, 조례, 조부모, 조상

30쪽

조석, 좌우, 좌편, 좌향좌, 주목, 주민, 주소, 주식, 주야, 주어, 주유, 주인, 주입, 주제, 중대, 중력, 중립, 중심, 중추, 지도, 지면, 지명, 지방, 지중해, 지평선, 지하수, 직각, 직립, 직면, 직선, 직언, 직행, 집중, 집합, 집회 / 차도, 차창, 창문, 천금, 천기, 천년만년, 천명, 천연, 천재, 천지, 천하, 청기, 청년, 청명, 청산

31쪽

청산, 청색, 청춘, 청풍, 체면, 체온, 초가, 초록동색, 초목, 촌부, 추석, 춘천, 춘하추동, 출가, 출구, 출동, 출생, 출석, 출세, 출입, 출현, 친근, 친서, 친정, 친족, 칠석 / 태고, 태양, 태평,

토지, 통독, 통로, 통풍, 통학, 특대, 특사, 특성, 특출 / 팔촌, 편안, 편지, 평면, 평생, 평안, 표기, 풍습, 풍향 / 하교

32쪽

하산, 하오, 하차, 학교, 학년, 학문, 한강, 한문, 한복, 한자, 합동, 합반, 합석, 해군, 해수, 해외, 해초, 행선지, 행운, 현대, 현재, 형부, 형제, 형체, 형편, 형형색색, 호수, 화가, 화답, 화술, 화음, 화초, 화합, 활기, 활동, 활력, 활용, 활자, 활화산, 황금, 회식, 효도, 효심, 효자, 후문, 후세, 후식, 훈화, 휴교, 휴일, 휴지, 휴학, 휴화산

33쪽

Ⅰ.　(1) 가문 (2) 가사 (3) 가수 (4) 가장 (5) 가정 (6) 가족 (7) 각계 (8) 각자 (9) 감기 (10) 감동 (11) 강남 (12) 강대 (13) 강력 (14) 강약 (15) 강촌 (16) 개방 (17) 개시 (18) 개업 (19) 개폐 (20) 개학 (21) 계산 (22) 고금 (23) 고급 (24) 고대 (25) 고락

34쪽

(26) 고속 (27) 고심 (28) 고저 / (1) 공명 (2) 공부 (3) 공사 (4) 공식 (5) 공신 (6) 공원 (7) 공장 (8) 공중 (9) 공평 (10) 과목 (11) 과수 (12) 과연 (13) 광명 (14) 광선 (15) 교가 (16) 교감 (17) 교과 (18) 교기 (19) 교내 (20) 교대 (21) 교문 (22) 교신 (23) 교실 (24) 교육 (25) 교통 (26) 교훈 / (1) 국가 (2) 국기 (3) 국력 (4) 국립 (5) 국민 (6) 국화 (7) 군가 (8) 군기 (9) 군내 (10) 군사 (11) 군수 (12) 군인 (13) 근래 (14) 근본 (15) 근해 (16) 금년 (17) 금일 (18) 급수 (19) 급행 (20) 기력 (21) 기사 (22) 기색 (23) 기입 (24) 기자 (25) 고저 (26) 고지 (27) 공간 (28) 공감 (29) 공공 (30) 공군 (31) 교훈 (32) 구간 (33) 구두 (34) 구별 (35) 구분 (36) 구월 (37) 국가 (38) 공금 (39) 공기

Ⅱ.　(1) 남녀노소 (2) 남동 (3) 남문 (4) 남북 (5) 남자 (6) 남편 (7) 남학생 (8) 내년 (9) 내면 (10) 내세 (11) 내실 (12) 내심 (13) 내외 (14) 내일 (15) 노년 (16) 노모 (17) 노소 (18) 노약자 (19) 노인 (20) 녹지 (21) 농민 (22) 농부 (23) 농사 (24) 농약 (25) 농지 (26) 농촌 (27) 농토

35쪽

Ⅲ.　(1) 다량 (2) 다소 (3) 다행 (4) 단명 (5) 단신 (6) 답지 (7) 대답 (8) 대동 (9) 대등 (10) 대성 (11) 대식가 (12) 대신 (13) 대신 (14) 대양 (15) 대용 (16) 대학 (17) 대한 (18) 대합실 (19) 대행 (20) 대화 (21) 도로 (22) 도리 (23) 도립 (24) 도인 (25) 도장 (26) 도표 (27) 등산 (28) 등장 / (1) 독서 (2) 독자 (3) 동구 (4) 동급 (5) 동력 (6) 동리 (7) 동명 (8) 동문서답 (9) 동물 (10) 동민 (11) 동서 (12) 동성 (13) 동수 (14) 동시 (15) 동심 (16) 동심 (17) 동양 (18) 동일 (19) 동일 (20) 동천 (21) 동해 (22) 동화

(23) 두각 (24) 등교 (25) 등분

Ⅳ.　(1) 만국기 (2) 만리 (3) 만물 (4) 만병 (5) 만사 (6) 매년 (7) 매번 (8) 매사 (9) 매시 (10) 매월 (11) 매일 (12) 면전 (13) 면회 (14) 명명 (15) 명명백백 (16) 명문 (17) 명물 (18) 명소 (19) 명언 (20) 모자 (21) 목례 (22) 목전 (23) 목화 (24) 문과 (25) 문답 (26) 문물 (27) 문장 (28) 믄제 (29) 문학 (30) 미식가 (31) 미음 (32) 미인

36쪽

Ⅴ.　(1) 반대 (2) 반성 (3) 반장 (4) 발광 (5) 발명 (6) 발병 (7) 발생 (8) 발신 (9) 발표 (10) 방금 (11) 방면 (12) 방식 (13) 방학 (14) 백기 (15) 백년 (16) 백미 (17) 백방 (18) 백설 (19) 백성 (20) 백의민족 (21) 백주 (22) 백지 (23) 불문 (24) 불안 (25) 불편 (26) 불평 (27) 불행 (28) 불효 / (1) 번호 (2) 변소 (3) 별명 (4) 별세 (5) 병실 (6) 복용 (7) 본명 (8) 본성 (9) 본업 (10) 부모 (11) 부분 (12) 부왕 (13) 부인 (14) 부자연 (15) 부정 (16) 부족 (17) 부형 (18) 북해 (19) 분야 (20) 분업

Ⅵ.　(1) 사교 (2) 사물 (3) 사방 (4) 사별 (5) 사용 (6) 사활 (7) 사회 (8) 산림 (9) 산수 (10) 산수 (11) 산천초목 (12) 산촌 (13) 산출 (14) 삼각형 (15) 삼촌 (16) 상공 (17) 상의 (18) 상하좌우 (19) 색색 (20) 색지 (21) 생명 (22) 생화 (23) 생모 (24) 생육 (25) 생일 / (1) 생활 (2) 서당 (3) 서해 (4) 서화 (5) 석두 (6) 석식 (7) 석양 (8) 석유 (9) 선산 (10) 선생 (11) 선조 (12) 설경 (13) 성공 (14) 성과 (15) 성명 (16) 세계 (17) 세도 (18) 세상만사 (19) 소녀 (20) 소문

37쪽

(21) 소실 (22) 소변 (23) 소인 (24) 소유 (25) 소재지 / (1) 소중 (2) 소화 (3) 소화 (4) 속도 (5) 속독 (6) 속력 (7) 손자 (8) 수공 (9) 수기 (10) 수동 (11) 수목 (12) 수석 (13) 수술 (14) 수족 (15) 수중 (16) 수학 (17) 수화 (18) 승리 (19) 승산 (20) 승자 (21) 시간 (22) 시계 (23) 시공 (24) 시급 (25) 시립 (26) 시민 (27) 시사 (28) 시작 / (1) 시장 (2) 식구 (3) 식당 (4) 식목일 (5) 식사 (6) 식생활 (7) 식수 (8) 식수 (9) 식음 (10) 식장 (11) 신년 (12) 신동 (13) 신록 (14) 신문 (15) 신식 (16) 신용 (17) 신자 (18) 신장 (19) 실내 (20) 실례 (21) 실명 (22) 실수 (23) 실신 (24) 실언 (25) 실업 (26) 심중 (27) 십년 (28) 십일

38쪽

Ⅰ.　(1) 예도 례 (2) 떼 부 (3) 눈 설 (4) 다닐 행 (5) 누를 황 (6) 약할 약 (7) 적을 소 (8) 온전 전 (9) 발 족 (10) 멀 원 (11) 큰바다 양 (12) 글 장 (13) 있을 재 (14) 몸 체 (15) 눈 목 (16) 기름 유 (17) 차례 제 (18) 향할 향 (19) 뿌리 근 (20) 집 당 (21) 살 활 (22) 믿을 신 (23) 저녁 석 (24) 길 영 (25) 잃을 실 (26)

볕 양 (27) 이제 금 (28) 싸움 전 (29) 있을 유 (30) 짧을 단
Ⅱ. (1) 쓸 고 (2) 부을 주 (3) 쌀 미 (4) 모양 형 (5) 어제 작
(6) 맑을 청 (7) 번개 전 (8) 그럴 연 (9) 온전 전 (10) 푸를 록 (11)
빠를 속 (12) 효도 효 (13) 바다 해 (14) 모양 형 (15) 믿을 신

39쪽

(16) 밥/먹을 식 (17) 있을 재 (18) 올 래 (19) 기다릴 대 (20) 셀
계 (21) 할아비 조 (22) 여름 하 (23) 고을 읍 (24) 볕 양 (25)
귀신 신 (26) 화할 화 (27) 창 창 (28) 다를/나눌 별 (29) 글 장
(30) 무거울 중
Ⅲ. (1) 온전 전 (2) 몸 체 (3) 부을 주 (4) 친할 친 (5) 말씀 화
(6) 마을 리 (7) 기다릴 대 (8) 머리 두 (9) 이룰 성 (10) 익힐 습
(11) 긴 장 (12) 글월 문 (13) 눈 목 (14) 올 래 (15) 오른 우 (16)
힘 력 (17) 가을 추 (18) 불 화 (19) 필 발 (20) 근본 본 (21) 지
아비 부 (22) 돌 석 (23) 맑을 청 (24) 설 립 (25) 그림 도 (26)
수풀 림 (27) 차례 제 (28) 모을 집 (29) 글 장 (30) 뿔 각
Ⅳ. (1) 늙을 로 (2) 무거울 중 (3) 심을 식 (4) 목숨 명 (5) 빌
공 (6) 셈 산 (7) 다행 행 (8) 꽃부리 영 (9) 익힐 습 (10) 빠를 속
(11) 친할 친 (12) 모을 집 (13) 반 반 (14) 이름 명 (15) 다스릴
리 (16) 볕 양 (17) 소리 음 (18) 그림 화 (19) 사이 간 (20) 셀 계
(21) 큰 대 (22) 백성 민 (23) 여름 하 (24) 바람 풍 (25) 빛 광
(26) 많을 다 (27) 모양 형 (28) 눈 설 (29) 길 로 (30) 날 출
Ⅴ. (1) 사라질 소 (2) 그럴 연 (3) 빠를 속 (4) 푸를 록 (5) 대
할 대

40쪽

(6) 머리 두 (7) 눈 설 (8) 모양 형 (9) 효도 효 (10) 싸움 전 (11)
익힐 습 (12) 번개 전 (13) 쉴 휴 (14) 특별할 특 (15) 재주 재 (16)
기다릴 대 (17) 쌀 미 (18) 뜻 의 (19) 곧을 직 (20) 마을 촌 (21)
정할 정 (22) 말미암을 유 (23) 믿을 신 (24) 업 업 (25) 재주 술
(26) 낮 오 (27) 모 방 (28) 길 영 (29) 모일 사 (30) 놈 자
Ⅵ. (1) 심을 식 (2) 때 시 (3) 날랠 용 (4) 모양 형 (5) 나타날
현 (6) 그럴 연 (7) 법 식 (8) 성 성 (9) 멀 원 (10) 기름 유 (11)
편안 안 (12) 동산 원 (13) 아침 조 (14) 뜰 정 (15) 눈 설 (16) 오
를 등 (17) 빌 공 (18) 맑을 청 (19) 다행 행 (20) 빛 광 (21) 말
씀 화 (22) 큰바다 양 (23) 옮길 운 (24) 기를 육 (25) 곧을 직
(26) 살 주 (27) 은 은 (28) 흙 토 (29) 대신 대 (30) 아이 동
Ⅶ. (1) 평평할 평 (2) 바 소 (3) 몸 신 (4) 내 천 (5) 모일 회
(6) 풀 초 (7) 흰 백 (8) 밝을 명 (9) 바다 해 (10) 주인/임금 주
(11) 말미암을 유 (12) 필 발 (13) 글 장 (14) 어제 작 (15) 종이
지 (16) 고을 읍 (17) 여름 하 (18) 백성 민 (19) 성 박 (20) 집
당 (21) 말씀 화 (22) 큰바다 양 (23) 옮길 운 (24) 기를 육 (25)
곧을 직 (26) 살 주 (27) 맑을 청 (28) 흙 토 (29) 대신할 대
(30) 모양 형

41쪽

Ⅷ. (1) 빌 공 (2) 지을 작 (3) 몸 체 (4) 볕 양 (5) 비로소 시
(6) 어제 작 (7) 따뜻할 온 (8) 법식 례 (9) 한가지 공 (10) 무리
등 (11) 물을 문 (12) 그럴 연 (13) 살 활 (14) 푸를 록 (15) 업 업
(16) 종이 지 (17) 기를 육 (18) 모 방 (19) 쉴 휴 (20) 목숨 명
(21) 마을 촌 (22) 머리 두 (23) 뜰 정 (24) 통할 통 (25) 정할
정 (26) 모일 회 (27) 기다릴 대 (28) 뿌리 근 (29) 오를 등 (30)
인간 세
Ⅸ. (1) 병 병 (2) 멀 원 (3) 가르칠 훈 (4) 어제 작 (5) 약할 약
(6) 누를 황 (7) 이름 호 (8) 물건 물 (9) 차례 번 (10) 모일 회
(11) 마실 음 (12) 지을 작 (13) 푸를 록 (14) 겨레 족 (15) 기름
유 (16) 뿔 각 (17) 살 주 (18) 쉴 휴 (19) 스스로 자 (20) 노래
가 (21) 셀 계 (22) 군사 군 (23) 나눌 반 (24) 맑을 청 (25) 급
할 급 (26) 곧을 직 (27) 정할 정 (28) 일 사 (29) 쌀 미 (30) 날
랠 용
Ⅹ. (1) 한가지 동 (2) 오를 등 (3) 낯 면 (4) 셈 산 (5) 쓸 고
(6) 가까울 근 (7) 기다릴 대 (8) 아이 동 (9) 푸를 록 (10) 차례
번 (11) 낮 주 (12) 예도 례 (13) 뜰 정 (14) 실과 과 (15) 오얏/성
리 (16) 향할 향 (17) 그럴 연 (18) 매양 매 (19) 그림 도 (20) 기
다릴 대 (21) 정할 정 (22) 익힐 습 (23) 말미암을 유 (24) 다스
릴 리 (25) 마실 음

42쪽

(26) 클 태 (27) 꽃부리 영 (28) 집 당 (29) 빛 광 (30) 큰바다 양
Ⅺ. (1) 수풀 림 (2) 기를 육 (3) 푸를 록 (4) 종이 지 (5) 편안
안 (6) 목숨 명 (7) 모 방 (8) 살 주 (9) 살 활 (10) 사랑 애 (11)
옷 복 (12) 사라질 소 (13) 필 발 (14) 이할 리 (15) 살필 성 /덜
생 (16) 있을 유 (17) 내 천 (18) 날랠 용 (19) 따뜻할 온 (20) 화
할 화 (21) 발 족 (22) 자리 석 (23) 쓸 용 (24) 바람 풍 (25) 의
원 의 (26) 글 서 (27) 나무 수 (28) 읽을 독 (29) 길 영 (30) 나
타날 현

43쪽

강산, 강약, 고금, 고락, 공해, 교학, 국가 / 남녀, 남북, 내외,
노사, 노소 / 다소, 대소, 동서, 동하, 등하 / 모녀, 문답, 물심

44쪽

부모, 부자, 부정 / 사활, 산천, 산해, 상하, 생사, 선후, 수족,
수화, 심신 / 언행, 원근, 일월 / 자녀, 장단, 전화, 전후, 정반,
조석, 조손, 좌우, 주야

45쪽

천지, 초목, 춘추, 출입 / 합반, 형제

46쪽

A형

Ⅰ. (1) ③ (2) ① (3) ②　　Ⅱ. (1) ② (2) ③ (3) ⑥

Ⅲ. (1) ④ (2) ① (3) ⑥

47쪽

Ⅳ. (1) ① (2) ④ (3) ②　　Ⅴ. (1) ⑤ (2) ⑥ (3) ②

Ⅵ. (1) ④ (2) ⑥ (3) ③　　Ⅶ. (1) ⑥ (2) ② (3) ①

Ⅷ. (1) ① (2) ⑤ (3) ⑥

48쪽

Ⅸ. (1) ⑥ (2) ① (3) ②　　Ⅹ. (1) ④ (2) ⑥ (3) ①

Ⅺ. (1) ⑥ (2) ③ (3) ②

B형

Ⅰ. (1) ② (2) ② (3) ④　　Ⅱ. (1) ② (2) ① (3) ③

Ⅲ. (1) ②

49쪽

Ⅲ. (2) ① (3) ④　　Ⅳ. (1) ① (2) ② (3) ④

Ⅴ. (1) ② (2) ① (3) ③　　Ⅵ. (1) ② (2) ③ (3) ①

Ⅶ. (1) ③ (2) ③ (3) ①

50쪽

Ⅷ. (1) ③ (2) ① (3) ②　　Ⅸ. (1) ③ (2) ② (3) ③

51쪽

가내공업, 가정교육, 각인각색, 고대신화, 고등동물, 고속도로,
공공장소, 공동생활, 공립학교, 공명정대, 교통신호, 교통안전,
교학상장, 구사일생, 국민연금 / 남남북녀, 남녀노소, 남녀유별

52쪽

남중일색, 녹수청산 / 다문다독, 대대손손, 대명천지, 대서특필,
대한민국, 동고동락, 동문서답, 동생공사, 동서고금, 동서남북,
동성동본, 동시다발 / 만국신호, 만리장천, 명산대천, 무소부지,
문일지십, 문전성시

53쪽

백년대계, 백만대군, 백만장자, 백면서생, 백발백중, 백의민족,
백전백승, 별유천지, 부모형제, 부자유친, 불로장생, 불립문자,
불원천리 / 사면춘풍, 사방팔방, 사해형제, 산고수장, 산전수전,
산천초목, 삼삼오오, 삼십육계, 상하좌우, 생년월일

54쪽

생로병사, 생면부지, 생사고락, 세계평화, 세상만사, 시간문제,
시민사회, 신문기자, 신토불이, 십년지기, 십중팔구 / 안심입명,
애국애족, 야생동물, 연중행사, 요산요수, 월하노인, 유구무언,
이심전심, 이열치열, 이팔청춘, 인명재천, 인사불성, 인산인해

55쪽

인해전술, 일구이언, 일문일답, 일방통행, 일심동체, 일일삼성,
일일삼추, 일장일단, 일조일석, 입신출세 / 자문자답, 자손만대,
자수성가, 자생식물, 자유자재, 작심삼일, 전광석화, 전심전력,
주야장천, 지상천국, 지행합일 / 천만다행, 천하제일

56쪽

청천백일, 청풍명월, 초록동색, 초식동물, 춘하추동 / 토목공사,
특별활동 / 팔도강산, 팔방미인 / 하등동물, 형형색색, 행방불
명, 화조월석, 훈민정음

57쪽

A형

Ⅰ. (1) ① (2) ③　　Ⅱ. (1) ① (2) ③

58쪽

Ⅲ. (1) ② (2) ④　　Ⅳ. (1) ④ (2) ①

Ⅴ. (1) ① (2) ⑤　　Ⅵ. (1) ③ (2) ⑥

Ⅶ. (1) ③ (2) ④

59쪽

Ⅷ. (1) ① (2) ⑤　　Ⅸ. (1) ② (2) ⑤

Ⅹ. (1) ③ (2) ⑤　　Ⅺ. (1) ④ (2) ①

Ⅻ. (1) ①

60쪽

Ⅻ. (2) ⑤

B형

Ⅰ. (1) ② (2) ⑥ (3) ④　　Ⅱ. (1) ① (2) ⑤ (3) ③

Ⅲ. (1) ⑥ (2) ② (3) ①　　Ⅳ. (1) ② (2) ④ (3) ①

61쪽

Ⅴ. (1) ① (2) ⑥ (3) ④　　Ⅵ. (1) ③ (2) ② (3) ⑥

Ⅶ. (1) ① (2) ② (3) ⑥　　Ⅷ. (1) ① (2) ② (3) ①

Ⅸ. (1) ① (2) ⑥ (3) ④　　Ⅹ. (1) ① (2) ② (3) ⑥

62쪽

Ⅺ. (1) ① (2) ③ (3) ②　　Ⅻ-1. (1) ① (2) ⑥ (3) ③

Ⅻ-2. (1) ④ (2) ① (3) ③

63쪽

A형

Ⅰ. (1) 사람들을 한 곳으로 모음
(2) 시력을 잃어 앞을 못 보게 됨

Ⅱ. (1) 마을(里)의 사무를 맡아 보는 우두머리
(2) 낮 열두 시

64쪽

Ⅲ. (1) 곧은 선　(2) 공을 이루다

Ⅳ. (1) 낮과 밤　(2) 수를 헤아림

Ⅴ. (1) 옛날과 오늘날　(2) 멀고 가까움

Ⅵ. (1) 좋은 운수　(2) 북쪽 방향

Ⅶ. (1) 집 안　(2) 아침과 저녁

Ⅷ. (1) 이름 외에 특징을 지어 부르는 이름
(2) 수준이나 정도의 차이가 높음

Ⅸ. (1) 성질이나 종류에 따라 나타나는 차이　(2) 글을 읽음

65쪽

Ⅹ. (1) 움직임　(2) 옛날과 오늘날

Ⅺ. (1) 손과 발　(2) 바다에서 육지로 불어오는 바람

B형 (가)형

Ⅰ. (1) 전후　(2) 자동　　Ⅱ. (1) 온기　(2) 금일

Ⅲ. (1) 하급생　(2) 수족

66쪽

Ⅳ. (1) 생사　(2) 풍향　　Ⅴ. (1) 사별　(2) 외삼촌

Ⅵ. (1) 수족　(2) 조석　　Ⅶ. (1) 작일　(2) 다독

B형 (나)형

Ⅰ. (1) 오늘의 세상　(2) 바른 답

67쪽

Ⅱ. (1) 먹을 것과 마실 것　(2) 흰 종이

Ⅲ. (1) 길고 짧음　(2) 몸과 마음

Ⅳ. (1) 왼쪽과 오른쪽　(2) 지방 말, 사투리

Ⅴ. (1) 태양계의 중심이 되는 별, 해　(2) 학업을 쉬다

Ⅵ. (1) 윗 옷　(2) 인사를 나누고 헤어짐

68쪽

A형

Ⅰ. (1) 西大門 (2) 四寸 (3) 敎室 (4) 兄弟 (5) 東西 (6) 火山 (7) 靑年 (8) 南大門 (9) 南北 (10) 軍人

69쪽

Ⅱ. (1) 學校 (2) 南東 (3) 靑山 (4) 父母 (5) 東西 (6) 女王 (7) 四寸 (8) 靑年 (9) 敎室 (10) 男學生

Ⅲ. (1) 父母 (2) 大學生 (3) 東大門 (4) 火山 (5) 兄 (6) 中學生 (7) 女軍 (8) 靑年 (9) 校長 (10) 軍人

70쪽

Ⅳ. (1) 八十 (2) 東大門 (3) 兄弟 (4) 男學生 (5) 五月 (6) 敎室 (7) 軍人 (8) 七日 (9) 南西風 (10) 南大門

Ⅴ. (1) 生水 (2) 敎室 (3) 白人 (4) 學生 (5) 三月 (6) 南 (7) 四寸 (8) 火石 (9) 南大門 (10) 母女

71쪽

Ⅵ. (1) 學校 (2) 先生 (3) 韓國 (4) 靑年 (5) 軍人 (6) 水軍 (7) 南北 (8) 九月 (9) 父母 (10) 校長

Ⅶ. (1) 靑年 (2) 校長 (3) 三寸 (4) 學年 (5) 四方 (6) 國土 (7) 生日 (8) 校門 (9) 四寸 (10) 學校

72쪽

Ⅷ. (1) 兄弟 (2) 父母 (3) 女王 (4) 靑年 (5) 敎室 (6) 生水 (7) 五月 (8) 火山 (9) 五日 (10) 大韓民國

Ⅸ. (1) 四寸 (2) 東大門 (3) 學校 (4) 北 (5) 六年 (6) 七日 (7) 學生 (8) 母女 (9) 三寸 (10) 南西風

73쪽

Ⅹ. (1) 南北 (2) 軍人 (3) 水中 (4) 五年 (5) 七日 (6) 學生 (7) 母女 (8) 兄弟 (9) 家長 (10) 學校

Ⅺ. (1) 三寸 (2) 南大門 (3) 南 (4) 四寸 (5) 月日 (6) 長女 (7) 室外 (8) 中小 (9) 北西 (10) 王

74쪽

Ⅻ. (1) 南大門 (2) 八月 (3) 中學生 (4) 生日 (5) 兄弟 (6) 學校 (7) 火山 (8) 父母 (9) 軍人 (10) 室內

75쪽

B형

Ⅰ. (1) 東西 (2) 登校 (3) 江村 (4) 自然 (5) 安心 (6) 軍人 (7) 算數 (8) 植木 (9) 電話 (10) 不便 (11) 電氣 (12) 四方 (13) 正午 (14) 兄弟 (15) 千萬金 (16) 來日 (17) 時間 (18) 西海 (19) 入住 (20) 車道

76쪽

Ⅱ. (1) 家口 (2) 世間 (3) 空中 (4) 草木 (5) 敎室 (6) 兄弟 (7) 手工 (8) 來年 (9) 春夏秋冬 (10) 便安 (11) 洞口 (12) 孝女 (13)

午前 (14) 大門 (15) 父母 (16) 七夕 (17) 每日 (18) 先後 (19) 自然 (20) 白金

Ⅲ.　(1) 歌手

77쪽

(2) 外食 (3) 多幸 (4) 每日 (5) 午前 (6) 地方 (7) 午後 (8) 洞口 (9) 八道 (10) 春秋 (11) 自立 (12) 左右 (13) 直前 (14) 青年 (15) 人物 (16) 月色 (17) 住民 (18) 農事 (19) 孝子 (20) 大門

Ⅳ.　(1) 名門 (2) 祖上 (3) 地方 (4) 便安 (5) 南北

78쪽

(6) 孝女 (7) 電氣 (8) 天命 (9) 南西 (10) 同時 (11) 手足 (12) 世上 (13) 青山 (14) 三寸 (15) 四方 (16) 草木 (17) 算數 (18) 兄弟 (19) 小食 (20) 日記

Ⅴ.　(1) 老母 (2) 自然 (3) 入口 (4) 內心 (5) 長男 (6) 市場 (7) 食後 (8) 小邑 (9) 登校

79쪽

(10) 東海 (11) 世上 (12) 王室 (13) 市中 (14) 所有 (15) 正直 (16) 休學 (17) 出動 (18) 每月 (19) 南北 (20) 住所

80쪽

Ⅵ.　(1) 春秋 (2) 算數 (3) 大氣 (4) 邑內 (5) 下校 (6) 每日 (7) 白旗 (8) 軍歌 (9) 食事 (10) 青年 (11) 注油 (12) 市場 (13) 教育 (14) 住民 (15) 車道 (16) 先後 (17) 活動 (18) 人命 (19) 孝子 (20) 左右

Ⅶ.　(1) 秋夕

81쪽

(2) 同苦 (3) 長短 (4) 世上 (5) 計算 (6) 正直 (7) 農村 (8) 外出 (9) 軍人 (10) 青春 (11) 小食 (12) 兄弟 (13) 每日 (14) 世上 (15) 左右 (16) 便利 (17) 空氣 (18) 先祖 (19) 正午 (20) 八方

Ⅷ.　(1) 內外 (2) 事物 (3) 直立 (4) 王命 (5) 南北

82쪽

(6) 平民 (7) 邑長 (8) 農夫 (9) 休學 (10) 百花 (11) 南北 (12) 出生 (13) 四寸 (14) 江村 (15) 男女 (16) 重大 (17) 電氣 (18) 兄弟 (19) 正午 (20) 歌手

Ⅸ.　(1) 安心 (2) 教育 (3) 數學 (4) 老人 (5) 父母 (6) 有名 (7) 入口 (8) 同姓 (9) 祖上

83쪽

(10) 住所 (11) 兄弟 (12) 海軍 (13) 自然 (14) 山林 (15) 生活 (16) 每日 (17) 生氣 (18) 工場 (19) 農夫 (20) 洞口

86쪽

Ⅰ.　(1) 첫번째 (2) 두번째 (3) 세번째 (4) 첫번째 (5) 세번째

Ⅱ.

(1) 左 (2) 水 (3) 十 (4) 內 (5) 里 (6) 市 (7) 火 (8) 母 (9) 入 (10) 七 (11) 父 (12) 文 (13) 方 (14) 五 (15) 玉

87쪽

(16) 男 (17) 中 (18) 寸 (19) 小 (20) 北 (21) 世 (22) 山 (23) 永 (24) 平 (25) 土 (26) 用 (27) 出

88쪽

가실, 가악, 계산, 공동, 교훈, 군읍, 근본, 급속 / 대태, 도로, 도식, 도화, 동군 / 문서, 문장 / 분반, 분별 / 사회, 산수

89쪽

생활, 서장, 수목, 신체, 실당 / 야석, 언어, 영원, 의복, 이촌 / 재술, 정직 / 청록, 출생 / 토지 / 학습, 해양, 회사

90쪽

Ⅰ.　(1) ① (2) ①　　Ⅱ.　(1) ③ (2) ①
Ⅲ.　(1) ② (2) ①　　Ⅳ.　(1) ② (2) ④

91쪽

Ⅴ.　(1) ④ (2) ③　　Ⅵ.　(1) ④ (2) ①

Ⅶ.　(1) ② (2) ②　　Ⅷ.　(1) ① (2) ①

Ⅸ.　(1) ② (2) ③

95쪽

Ⅰ.　(1) ③ (2) ②　　Ⅱ.　(1) ② (2) ③

Ⅲ.　(1) ④ (2) ①　　Ⅳ.　(1) ② (2) ①

96쪽

Ⅴ.　(1) ④ (2) ②　　Ⅵ.　(1) ④ (2) ②

Ⅶ.　(1) ④ (2) ③　　Ⅷ.　(1) ① (2) ②

Ⅸ.　(1) ② (2) ①　　Ⅹ.　(1) ④

97쪽

　　　(2) ①　　Ⅺ.　(1) ③ (2) ②

Ⅻ.　(1) ④ (2) ①

제1회 한자능력검정시험

(1) 가정 (2) 운용 (3) 화초 (4) 반성 (5) 전기 (6) 자습 (7) 평지 (8) 특급 (9) 석양 (10) 가수 (11) 출석 (12) 회사 (13) 훈화 (14) 강약 (15) 계산 (16) 대면 (17) 음식 (18) 입구 (19) 예식장 (20) 원근 (21) 음악 (22) 안심 (23) 태양 (24) 문제 (25) 본부 (26) 은행 (27) 작년 (28) 문물 (29) 독서 (30) 이유 (31) 신장 (32) 공장 (33) 셀 계 (34) 낮 주 (35) 반 반 (36) 한가지 동 (37) 빛 광 (38) 눈 설 (39) 모 방 (40) 다행 행 (41) 기름 유 (42) 푸를 록 (43) 줄 선 (44) 할아비 조 (45) 효도 효 (46) 싸움 전 (47) 약할 약 (48) 빌 공 (49) 뜰 정 (50) 길 영 (51) 온전 전 (52) 그림 도 (53) 설 립 (54) 무거울 중 (55) 곧을 직 (56) 이할 리 (57) 날랠 용 (58) 멀 원 (59) 뿔 각 (60) 바다 해 (61) 올 래 (62) 三月 (63) 軍人 (64) 四寸兄 (65) 生水 (66) 南大門 (67) 學校 (68) 生日 (69) 靑山 (70) 室外 (71) 南北 (72) ② (73) ④ (74) 산에 오르다 (75) 앞과 뒤 (76) ③ (77) ① (78) 첫번 째 (79) ④ (80) 첫번 째

제2회 한자능력검정시험

(1) 집합 (2) 지도 (3) 농사 (4) 성공 (5) 매일 (6) 태평양 (7) 사용 (8) 독서 (9) 승리 (10) 속도 (11) 석유 (12) 교실 (13) 좌우 (14) 동창회 (15) 행운 (16) 미남 (17) 백색 (18) 간식 (19) 성공 (20) 친가 (21) 전자 (22) 제목 (23) 전체 (24) 출발 (25) 병약 (26) 북반구 (27) 효도 (28) 직각 (29) 중간 (30) 주소 (31) 영어 (32) 춘분 (33) 익힐 습 (34) 지아비 부 (35) 머리 두 (36) 재주 재 (37) 이할 리 (38) 있을 재 (39) 마을 리 (40) 집 당 (41) 마을 촌 (42) 느낄 감 (43) 맑을 청 (44) 쌀 미 (45) 겨레 족 (46) 흰 백 (47) 심을 식 (48) 쓸 용 (49) 기다릴 대 (50) 마실 음 (51) 모을 집 (52) 이름 호 (53) 매양 매 (54) 아름다울 미 (55) 눈 목 (56) 오를 등 (57) 꽃부리 영 (58) 뜻 의 (59) 셈 산 (60) 과목 과 (61) 늙을 로 (62) 西山 (63) 九月 (64) 四寸 (65) 中小 (66) 火山 (67) 敎室 (68) 中學生 (69) 女王 (70) 先生 (71) 南北 (72) ③ (73) ① (74) 손과 발 (75) 글을 읽다 (76) ⑤ (77) ④ (78) 첫번 째 (79) 네번 째 (80) 일곱번 째

제3회 한자능력검정시험

(1) 명화 (2) 화산 (3) 방심 (4) 농약 (5) 시민 (6) 시대 (7) 집합 (8) 합성 (9) 동양 (10) 금은 (11) 하복 (12) 전승 (13) 안정 (14) 기자 (15) 가족 (16) 온도 (17) 정오 (18) 자손 (19) 구별 (20) 식수 (21) 통화 (22) 행운 (23) 용기 (24) 방화 (25) 정원 (26) 내외 (27) 본업 (28) 문제 (29) 이용 (30) 감기 (31) 자연 (32) 서당 (33) 정할 정 (34) 적을 소 (35) 업 업 (36) 낮 면 (37) 아이 동 (38) 어제 작 (39) 재주 술 (40) 필 발 (41) 떼 부 (42) 있을

유 (43) 살필 성/ 덜 생 (44) 믿을 신 (45) 볕 양 (46) 예도 례 (47) 반 반 (48) 병 병 (49) 기를 육 (50) 향할 향 (51) 쓸 고 (52) 그림 화 (53) 살 활 (54) 사라질 소 (55) 모양 형 (56) 사랑 애 (57) 누를 황 (58) 종이 지 (59) 말미암을 유 (60) 잃을 실 (61) 그릴 연 (62) 八十 (63) 父母 (64) 東 (65) 學生 (66) 四寸 (67) 校長 (68) 萬年 (69) 兄弟 (70) 南大門 (71) 軍人 (72) ② (73) ④ (74) 낮과 밤 (75) 바다에서 육지로 부는 바람 (76) ① (77) ⑤ (78) 세번 째 (79) ③ (80) 세번 째

제4회 한자능력검정시험

(1) 정식 (2) 동물 (3) 현대 (4) 동시 (5) 직각 (6) 전기 (7) 팔반 (8) 지리 (9) 평화 (10) 광선 (11) 수술 (12) 강산 (13) 의복 (14) 주소 (15) 출구 (16) 정원 (17) 해양 (18) 사훈 (19) 상석 (20) 세계 (21) 석양 (22) 성명 (23) 노선 (24) 실신 (25) 교육 (26) 친가 (27) 미술 (28) 성공 (29) 가족 (30) 편안 (31) 체온 (32) 영특 (33) 이룰 성 (34) 백성 민 (35) 긴 장 (36) 법 식 (37) 평평할 평 (38) 이할 리 (39) 이제 금 (40) 한수/ 한나라 한 (41) 글 장 (42) 뿔 각 (43) 지을 작 (44) 열 개 (45) 멀 원 (46) 구분할/ 지경 구 (47) 줄 선 (48) 차례 제 (49) 기름 유 (50) 다행 행 (51) 대할 대 (52) 손자 손 (53) 겨레 족 (54) 꽃 화 (55) 가을 추 (56) 바람 풍 (57) 쉴 휴 (58) 법도 도/ 헤아릴 탁 (59) 꽃부리 영 (60) 살 주 (61) 할아비 조 (62) 學校 (63) 父母 (64) 東西 (65) 靑年 (66) 白人 (67) 女軍 (68) 生日 (69) 西大門 (70) 長男 (71) 四寸 (72) ④ (73) ① (74) 공을 이루다 (75) 북쪽 방향 (76) ② (77) ⑥ (78) 첫번 째 (79) 네번 째 (80) ③

제5회 한자능력검정시험

(1) 의복 (2) 유명 (3) 효자 (4) 미술 (5) 해양 (6) 개방 (7) 합동 (8) 자손 (9) 세상 (10) 풍설 (11) 자신 (12) 공간 (13) 평화 (14) 은행 (15) 만병 (16) 야구 (17) 출발 (18) 번호 (19) 친족 (20) 분수 (21) 신화 (22) 편지 (23) 평지 (24) 부분 (25) 승리 (26) 체온 (27) 신문 (28) 양약 (29) 초록 (30) 집합 (31) 가장 (32) 특별시 (33) 여름 하 (34) 맑을 청 (35) 번개 전 (36) 동산 원 (37) 목숨 명 (38) 누를 황 (39) 낮 면 (40) 주인 / 임금 주 (41) 효도 효 (42) 때 시 (43) 다행 행 (44) 차례 번 (45) 힘 력 (46) 한가지 동 (47) 풀 초 (48) 통할 통 (49) 마을 촌 (50) 빛 광 (51) 실과 과 (52) 약할 약 (53) 발 족 (54) 평평할 평 (55) 물건 물 (56) 익힐 습 (57) 길 영 (58) 놈 자 (59) 옷 복 (60) 큰바다 양 (61) 글 장 (62) 東大門 (63) 南北 (64) 大韓 (65) 六年 (66) 母女 (67) 王 (68) 八月 (69) 學年 (70) 國土 (71) 生日 (72) ④ (73) ② (74) 옛날과 오늘날 (75) 멀고 가까움 (76) ⑥ (77) ③ (78) 네번 째 (79) 세번 째 (80) ③

漢字能力檢定試驗 6級 問題紙

실전모의고사 정답(5회)

제1회 한자능력검정시험

(1) 산수 (2) 고금 (3) 공군 (4) 고행 (5) 사회 (6) 도로 (7) 한국 (8) 교실 (9) 의복 (10) 양지 (11) 활동 (12) 화원 (13) 창문 (14) 조부 (15) 특식 (16) 출석 (17) 표면 (18) 승운 (19) 이유 (20) 휴교 (21) 체력 (22) 친정 (23) 모친 (24) 강약 (25) 각계 (26) 동화 (27) 직선 (28) 주야 (29) 가족 (30) 삼각 (31) 집합 (32) 발광 (33) 신문 (34) 마음 심 (35) 매양 매 (36) 모을 집 (37) 떼 부 (38) 창 창 (39) 뿔 각 (40) 서울 경 (41) 말미암을 유 (42) 들 야 (43) 구분할 / 지경 구 (44) 길 영 (45) 무거울 중 (46) 한국/ 나라 한 (47) 이름 호 (48) 반 반 (49) 쓸 고 (50) 한가지 공 (51) 종이 지 (52) 겨울 동 (53) 그럴 연 (54) 기 기 (55) 마을 촌 (56) 歌手 (57) 午前 (58) 敎室 (59) 大門 (60) 自然 (61) 春秋 (62) 兄弟 (63) 父母 (64) 人間 (65) 左右 (66) 八方 (67) 正面 (68) 直前 (69) 算數 (70) 地方 (71) 孝子 (72) 東南 (73) 世上 (74) 市場 (75) 登校 (76) ④ (77) ① (78) ② (79) ⑥ (80) ① (81) ② (82) ② (83) ④ (84) ② (85) ④ (86) 식음 (87) 생사 (88) 다섯번 째 (89) 두번 째 (90) 첫번 째

제2회 한자능력검정시험

(1) 은행 (2) 안정 (3) 별세 (4) 시속 (5) 작년 (6) 통로 (7) 백미 (8) 현재 (9) 특별 (10) 교실 (11) 감동 (12) 태양 (13) 교습 (14) 농토 (15) 강직 (16) 고급 (17) 화합 (18) 제목 (19) 가수 (20) 명의 (21) 편리 (22) 교대 (23) 영원 (24) 민족 (25) 언어 (26) 전부 (27) 분반 (28) 도리 (29) 신용 (30) 부분 (31) 성명 (32) 행운 (33) 답신 (34) 모일 회 (35) 느낄 감 (36) 필 발 (37) 눈 설 (38) 올 래 (39) 살 활 (40) 심을 식 (41) 많을 다 (42) 머리 두 (43) 아름다울 미 (44) 지경 계 (45) 높을 고 (46) 동산 원 (47) 싸움 전 (48) 합할 합 (49) 불 화 (50) 지아비 부 (51) 날랠 용 (52) 이길 승 (53) 누를 황 (54) 손자 손 (55) 꽃부리 영 (56) 日記 (57) 休學 (58) 每月 (59) 出動 (60) 入口 (61) 食後 (62) 正午 (63) 市長 (64) 小食 (65) 八方 (66) 左右 (67) 食事 (68) 春秋 (69) 少年 (70) 靑年 (71) 家門 (72) 電氣 (73) 安心 (74) 有名 (75) 父母 (76) ③ (77) ④ (78) ② (79) ④ (80) ② (81) ⑥ (82) ③ (83) ① (84) ① (85) ② (86) 백지 (87) 장단 (88) ② (89) 두번 째 (90) ③

제3회 한자능력검정시험

(1) 학업 (2) 사용 (3) 특별 (4) 지구 (5) 동물 (6) 창문 (7) 번호 (8) 효도 (9) 세습 (10) 기운 (11) 강약 (12) 이장 (13) 사교 (14) 양약 (15) 근본 (16) 왕손 (17) 출석 (18) 추석 (19) 초록 (20) 의술 (21) 지도 (22) 서해 (23) 소변 (24) 답신 (25) 식수 (26) 주유 (27) 친족 (28) 전기 (29) 표면 (30) 공개 (31) 서식 (32) 예외 (33) 장단 (34) 아침 조 (35) 병 병 (36) 바다 해 (37) 마당장 (38) 나무 수 (39) 푸를 록 (40) 들 야 (41) 길 영 (42) 수풀림 (43) 온전 전 (44) 빛 광 (45) 낮 주 (46) 푸를 청 (47) 임금왕 (48) 뿔 각 (49) 집 당 (50) 목숨 명 (51) 창 창 (52) 일만 만 (53) 낯 면 (54) 법 식 (55) 사랑 애 (56) 同姓 (57) 生活 (58) 生氣 (59) 植木 (60) 便紙 (61) 老人 (62) 時間 (63) 大韓民國 (64) 東西 (65) 算數 (66) 地方 (67) 兄弟 (68) 便安 (69) 春秋 (70) 草木 (71) 天命 (72) 大門 (73) 休日 (74) 半萬年 (75) 下校 (76) ① (77) ④ (78) ② (79) ⑤ (80) ② (81) ① (82) ③ (83) ④ (84) ③ (85) ① (86) 심신 (87) 금일 (88) 네번 째 (89) ② (90) 일곱번 째

제4회 한자능력검정시험

(1) 기자 (2) 별세 (3) 내과 (4) 황색 (5) 통로 (6) 공개 (7) 시작 (8) 유선 (9) 영재 (10) 회사 (11) 백구 (12) 주간 (13) 낙원 (14) 통신 (15) 온도 (16) 운동 (17) 용기 (18) 의술 (19) 음식 (20) 왕손 (21) 구별 (22) 독서 (23) 안전 (24) 반장 (25) 고대 (26) 표면 (27) 모친 (28) 교훈 (29) 명화 (30) 화급 (31) 휴교 (32) 식목 (33) 한국 (34) 익힐 습 (35) 글 서 (36) 다행 행 (37) 비로소 시 (38) 마실 음 (39) 서울 경 (40) 남녘 남 (41) 나눌 반 (42) 짧을 단 (43) 놓을 방 (44) 부을 주 (45) 있을 유 (46) 들을 문 (47) 기다릴 대 (48) 하여금/ 부릴 사 (49) 바람 풍 (50) 급할 급 (51) 아이 동 (52) 열 개 (53) 기를 육 (54) 수풀 림 (55) 고을 군 (56) 登校 (57) 電話 (58) 車道 (59) 學校 (60) 入住 (61) 時間 (62) 海軍 (63) 正午 (64) 自然 (65) 有名 (66) 空軍 (67) 登場 (68) 農事 (69) 全國 (70) 休校 (71) 祖上 (72) 空氣 (73) 同時 (74) 出動 (75) 孝女 (76) ② (77) ④ (78) ③ (79) ④ (80) ⑥ (81) ③ (82) ② (83) ④ (84) ① (85) ② (86) 풍향 (87) 수족 (88) 세번 째 (89) 첫번 째 (90) 두번 째

제5회 한자능력검정시험

(1) 도리 (2) 학교 (3) 주소 (4) 표제 (5) 지형 (6) 장소 (7) 근본 (8) 감기 (9) 청색 (10) 특별 (11) 시간 (12) 성공 (13) 예의 (14) 동의 (15) 온수 (16) 동해 (17) 장단 (18) 향학 (19) 도로 (20) 대화 (21) 반성 (22) 동심 (23) 번호 (24) 생사 (25) 전차 (26) 신체 (27) 사업 (28) 남녀 (29) 속도 (30) 손자 (31) 산술 (32) 한의 (33) 효자 (34) 다스릴 리 (35) 뜰 정 (36) 어제 작 (37) 꽃화 (38) 때 시 (39) 임금 왕 (40) 셀 계 (41) 맑을 청 (42) 무리등 (43) 놈 자 (44) 기름 유 (45) 모을 집 (46) 모양 형 (47) 열개 (48) 사내 남 (49) 은 은 (50) 살 주 (51) 구분할/지경 구 (52) 길 로 (53) 누를 황 (54) 차례 제 (55) 노래 가 (56) 每日 (57) 動物 (58) 外食 (59) 農村 (60) 父母 (61) 手足 (62) 來日 (63) 江山 (64) 住所 (65) 人物 (66) 靑年 (67) 四方 (68) 市場 (69) 王命 (70) 事物 (71) 算數 (72) 百花 (73) 食口 (74) 山林 (75) 海軍 (76) ① (77) ③ (78) ④ (79) ③ (80) ⑤ (81) ② (82) ② (83) ② (84) ④ (85) ② (86) 다독 (87) 조석 (88) 네번 째 (89) 열번 째 (90) 두번 째

사단법인 한국어문회 · 한국한자능력검정회　　6 2 1

수험번호 □□□ – □□ – □□□□　　성명 □□□□□

주민등록번호 □□□□□□ – □□□□□□□

※유성싸인펜, 붉은색 필기구 사용 불가.

※답안지는 컴퓨터로 처리되므로 구기거나 더럽히지 마시고, 정답 칸 안에만 쓰십시오.
　글씨가 채점란으로 들어오면 오답처리가 됩니다.

전국한자능력검정시험 6급Ⅱ 답안지(1)

답 안 란		채 점 란		답 안 란		채 점 란		답 안 란		채 점 란	
번호	정 답	1검	2검	번호	정 답	1검	2검	번호	정 답	1검	2검
1				14				27			
2				15				28			
3				16				29			
4				17				30			
5				18				31			
6				19				32			
7				20				33			
8				21				34			
9				22				35			
10				23				36			
11				24				37			
12				25				38			
13				26				39			

감 독 위 원	채 점 위 원 (1)		채 점 위 원 (2)		채 점 위 원 (3)	
(서명)	(득점)	(서명)	(득점)	(서명)	(득점)	(서명)

※ 뒷면으로 이어짐

6 2 2

※ 본 답안지는 컴퓨터로 처리되므로 구기거나 더럽히지 않도록 조심하시고 글씨를 칸 안에 또박또박 쓰십시오.

전국한자능력검정시험 6급Ⅱ 답안지(2)

답안란		채점란		답안란		채점란		답안란		채점란	
번호	정답	1검	2검	번호	정답	1검	2검	번호	정답	1검	2검
40				54				68			
41				55				69			
42				56				70			
43				57				71			
44				58				72			
45				59				73			
46				60				74			
47				61				75			
48				62				76			
49				63				77			
50				64				78			
51				65				79			
52				66				80			
53				67							

사단법인 한국어문회 · 한국한자능력검정회

6 2 1

수험번호 □□□-□□-□□□□   성명 □□□□□

주민등록번호 □□□□□□-□□□□□□□

※유성싸인펜, 붉은색 필기구 사용 불가.

※답안지는 컴퓨터로 처리되므로 구기거나 더럽히지 마시고, 정답 칸 안에만 쓰십시오.
　글씨가 채점란으로 들어오면 오답처리가 됩니다.

전국한자능력검정시험 6급 Ⅱ 답안지(1)

답 안 란		채 점 란		답 안 란		채 점 란		답 안 란		채 점 란	
번호	정 답	1검	2검	번호	정 답	1검	2검	번호	정 답	1검	2검
1				14				27			
2				15				28			
3				16				29			
4				17				30			
5				18				31			
6				19				32			
7				20				33			
8				21				34			
9				22				35			
10				23				36			
11				24				37			
12				25				38			
13				26				39			

감독위원	채점위원(1)		채점위원(2)		채점위원(3)	
(서명)	(득점)	(서명)	(득점)	(서명)	(득점)	(서명)

※ 뒷면으로 이어짐

사단법인 한국어문회 · 한국한자능력검정회   6 2 2

※ 본 답안지는 컴퓨터로 처리되므로 구기거나 더럽히지 않도록 조심하시고 글씨를 칸 안에 또박또박 쓰십시오.

전국한자능력검정시험 6급Ⅱ 답안지(2)

번호	정 답	1검	2검	번호	정 답	1검	2검	번호	정 답	1검	2검
40				54				68			
41				55				69			
42				56				70			
43				57				71			
44				58				72			
45				59				73			
46				60				74			
47				61				75			
48				62				76			
49				63				77			
50				64				78			
51				65				79			
52				66				80			
53				67							

사단법인 한국어문회 · 한국한자능력검정회   6 2 1

수험번호 □□□-□□-□□□□   성명 □□□□□

주민등록번호 □□□□□□□-□□□□□□□   ※유성싸인펜, 붉은색 필기구 사용 불가.

※답안지는 컴퓨터로 처리되므로 구기거나 더럽히지 마시고, 정답 칸 안에만 쓰십시오.
   글씨가 채점란으로 들어오면 오답처리가 됩니다.

전국한자능력검정시험 6급Ⅱ 답안지(1)

번호	답안란 정답	채점란 1검	2검	번호	답안란 정답	채점란 1검	2검	번호	답안란 정답	채점란 1검	2검
1				14				27			
2				15				28			
3				16				29			
4				17				30			
5				18				31			
6				19				32			
7				20				33			
8				21				34			
9				22				35			
10				23				36			
11				24				37			
12				25				38			
13				26				39			

감독위원	채점위원(1)		채점위원(2)		채점위원(3)	
(서명)	(득점)	(서명)	(득점)	(서명)	(득점)	(서명)

※ 뒷면으로 이어짐

사단법인 한국어문회 · 한국한자능력검정회　　6 2 2

※ 본 답안지는 컴퓨터로 처리되므로 구기거나 더럽히지 않도록 조심하시고 글씨를 칸 안에 또박또박 쓰십시오.

전국한자능력검정시험 6급Ⅱ 답안지(2)

답 안 란		채 점 란		답 안 란		채 점 란		답 안 란		채 점 란	
번호	정 답	1검	2검	번호	정 답	1검	2검	번호	정 답	1검	2검
40				54				68			
41				55				69			
42				56				70			
43				57				71			
44				58				72			
45				59				73			
46				60				74			
47				61				75			
48				62				76			
49				63				77			
50				64				78			
51				65				79			
52				66				80			
53				67							

사단법인 한국어문회 · 한국한자능력검정회   6 2 1

수험번호 □□□-□□-□□□□   성명 □□□□□

주민등록번호 □□□□□□-□□□□□□□   ※유성싸인펜, 붉은색 필기구 사용 불가.

※답안지는 컴퓨터로 처리되므로 구기거나 더럽히지 마시고, 정답 칸 안에만 쓰십시오.
글씨가 채점란으로 들어오면 오답처리가 됩니다.

전국한자능력검정시험 6급Ⅱ 답안지(1)

답 안 란		채 점 란		답 안 란		채 점 란		답 안 란		채 점 란	
번호	정 답	1검	2검	번호	정 답	1검	2검	번호	정 답	1검	2검
1				14				27			
2				15				28			
3				16				29			
4				17				30			
5				18				31			
6				19				32			
7				20				33			
8				21				34			
9				22				35			
10				23				36			
11				24				37			
12				25				38			
13				26				39			

감독위원	채점위원(1)		채점위원(2)		채점위원(3)	
(서명)	(득점)	(서명)	(득점)	(서명)	(득점)	(서명)

※ 뒷면으로 이어짐

6 2 2

※ 본 답안지는 컴퓨터로 처리되므로 구기거나 더럽히지 않도록 조심하시고 글씨를 칸 안에 또박또박 쓰십시오.

전국한자능력검정시험 6급Ⅱ 답안지(2)

답 안 란		채 점 란		답 안 란		채 점 란		답 안 란		채 점 란	
번호	정 답	1검	2검	번호	정 답	1검	2검	번호	정 답	1검	2검
40				54				68			
41				55				69			
42				56				70			
43				57				71			
44				58				72			
45				59				73			
46				60				74			
47				61				75			
48				62				76			
49				63				77			
50				64				78			
51				65				79			
52				66				80			
53				67							

사단법인 한국어문회 · 한국한자능력검정회   6 2 1

수험번호 □□□-□□-□□□□   성명 □□□□□
주민등록번호 □□□□□□□-□□□□□□□

※유성싸인펜, 붉은색 필기구 사용 불가.

※답안지는 컴퓨터로 처리되므로 구기거나 더럽히지 마시고, 정답 칸 안에만 쓰십시오.
글씨가 채점란으로 들어오면 오답처리가 됩니다.

전국한자능력검정시험 6급 Ⅱ 답안지(1)

답 안 란		채 점 란		답 안 란		채 점 란		답 안 란		채 점 란	
번호	정 답	1검	2검	번호	정 답	1검	2검	번호	정 답	1검	2검
1				14				27			
2				15				28			
3				16				29			
4				17				30			
5				18				31			
6				19				32			
7				20				33			
8				21				34			
9				22				35			
10				23				36			
11				24				37			
12				25				38			
13				26				39			

감독위원	채점위원(1)		채점위원(2)		채점위원(3)	
(서명)	(득점)	(서명)	(득점)	(서명)	(득점)	(서명)

※ 뒷면으로 이어짐

사단법인 한국어문회 · 한국한자능력검정회　6 2 2

※ 본 답안지는 컴퓨터로 처리되므로 구기거나 더럽히지 않도록 조심하시고 글씨를 칸 안에 또박또박 쓰십시오.

전국한자능력검정시험 6급Ⅱ 답안지(2)

번호	정 답	1검	2검	번호	정 답	1검	2검	번호	정 답	1검	2검
40				54				68			
41				55				69			
42				56				70			
43				57				71			
44				58				72			
45				59				73			
46				60				74			
47				61				75			
48				62				76			
49				63				77			
50				64				78			
51				65				79			
52				66				80			
53				67							

사단법인 한국어문회 · 한국한자능력검정회　　　　　　　　0 6 1

수험번호 □□□－□□－□□□□　　　성명 □□□□□

주민등록번호 □□□□□□□－□□□□□□□

※유성싸인펜, 붉은색 필기구 사용 불가.

※답안지는 컴퓨터로 처리되므로 구기거나 더럽히지 마시고, 정답 칸 안에만 쓰십시오.
　글씨가 채점란으로 들어오면 오답처리가 됩니다.

전국한자능력검정시험 6급 답안지(1)

답 안 란		채 점 란		답 안 란		채 점 란		답 안 란		채 점 란	
번호	정 답	1검	2검	번호	정 답	1검	2검	번호	정 답	1검	2검
1				15				29			
2				16				30			
3				17				31			
4				18				32			
5				19				33			
6				20				34			
7				21				35			
8				22				36			
9				23				37			
10				24				38			
11				25				39			
12				26				40			
13				27				41			
14				28				42			

감 독 위 원	채 점 위 원 (1)		채 점 위 원 (2)		채 점 위 원 (3)	
(서명)	(득점)	(서명)	(득점)	(서명)	(득점)	(서명)

※ 뒷면으로 이어짐

0 6 2

※ 본 답안지는 컴퓨터로 처리되므로 구기거나 더럽히지 않도록 조심하시고 글씨를 칸 안에 또박또박 쓰십시오.

전국한자능력검정시험 6급 답안지(2)

번호	정 답	1검	2검	번호	정 답	1검	2검	번호	정 답	1검	2검
43				59				75			
44				60				76			
45				61				77			
46				62				78			
47				63				79			
48				64				80			
49				65				81			
50				66				82			
51				67				83			
52				68				84			
53				69				85			
54				70				86			
55				71				87			
56				72				88			
57				73				89			
58				74				90			

사단법인 한국어문회 · 한국한자능력검정회   0 6 1

수험번호 □□□ - □□ - □□□□   성명 □□□□□

주민등록번호 □□□□□□ - □□□□□□□

※유성싸인펜, 붉은색 필기구 사용 불가.

※답안지는 컴퓨터로 처리되므로 구기거나 더럽히지 마시고, 정답 칸 안에만 쓰십시오.
　글씨가 채점란으로 들어오면 오답처리가 됩니다.

전국한자능력검정시험 6급 답안지(1)

번호	정 답	1검	2검	번호	정 답	1검	2검	번호	정 답	1검	2검
1				15				29			
2				16				30			
3				17				31			
4				18				32			
5				19				33			
6				20				34			
7				21				35			
8				22				36			
9				23				37			
10				24				38			
11				25				39			
12				26				40			
13				27				41			
14				28				42			

감독위원	채점위원(1)		채점위원(2)		채점위원(3)	
(서명)	(득점)	(서명)	(득점)	(서명)	(득점)	(서명)

※ 뒷면으로 이어짐

사단법인 한국어문회 · 한국한자능력검정회 ｜ 0 6 2 ｜

※ 본 답안지는 컴퓨터로 처리되므로 구기거나 더럽히지 않도록 조심하시고 글씨를 칸 안에 또박또박 쓰십시오.

전국한자능력검정시험 6급 답안지(2)

번호	정 답	1검	2검	번호	정 답	1검	2검	번호	정 답	1검	2검
43				59				75			
44				60				76			
45				61				77			
46				62				78			
47				63				79			
48				64				80			
49				65				81			
50				66				82			
51				67				83			
52				68				84			
53				69				85			
54				70				86			
55				71				87			
56				72				88			
57				73				89			
58				74				90			

사단법인 한국어문회 · 한국한자능력검정회 [0] [6] [1]

수험번호 □□□ - □□ - □□□□ 성명 □□□□□

주민등록번호 □□□□□□ - □□□□□□□

※유성싸인펜, 붉은색 필기구 사용 불가.

※답안지는 컴퓨터로 처리되므로 구기거나 더럽히지 마시고, 정답 칸 안에만 쓰십시오.
　글씨가 채점란으로 들어오면 오답처리가 됩니다.

전국한자능력검정시험 6급 답안지(1)

번호	정답	1검	2검	번호	정답	1검	2검	번호	정답	1검	2검
1				15				29			
2				16				30			
3				17				31			
4				18				32			
5				19				33			
6				20				34			
7				21				35			
8				22				36			
9				23				37			
10				24				38			
11				25				39			
12				26				40			
13				27				41			
14				28				42			

감독위원	채점위원(1)		채점위원(2)		채점위원(3)	
(서명)	(득점)	(서명)	(득점)	(서명)	(득점)	(서명)

※ 뒷면으로 이어짐

절 ─ 취 ─ 선

※ 본 답안지는 컴퓨터로 처리되므로 구기거나 더럽히지 않도록 조심하시고 글씨를 칸 안에 또박또박 쓰십시오.

전국한자능력검정시험 6급 답안지(2)

번호	정답	1검	2검	번호	정답	1검	2검	번호	정답	1검	2검
43				59				75			
44				60				76			
45				61				77			
46				62				78			
47				63				79			
48				64				80			
49				65				81			
50				66				82			
51				67				83			
52				68				84			
53				69				85			
54				70				86			
55				71				87			
56				72				88			
57				73				89			
58				74				90			

사단법인 한국어문회 · 한국한자능력검정회   ⬚ 0 6 1 ⬚

수험번호 ☐☐☐ – ☐☐ – ☐☐☐☐   성명 ☐☐☐☐☐

주민등록번호 ☐☐☐☐☐☐ – ☐☐☐☐☐☐☐

※유성싸인펜, 붉은색 필기구 사용 불가.

※답안지는 컴퓨터로 처리되므로 구기거나 더럽히지 마시고, 정답 칸 안에만 쓰십시오.
글씨가 채점란으로 들어오면 오답처리가 됩니다.

전국한자능력검정시험 6급 답안지(1)

답 안 란		채 점 란		답 안 란		채 점 란		답 안 란		채 점 란	
번호	정 답	1검	2검	번호	정 답	1검	2검	번호	정 답	1검	2검
1				15				29			
2				16				30			
3				17				31			
4				18				32			
5				19				33			
6				20				34			
7				21				35			
8				22				36			
9				23				37			
10				24				38			
11				25				39			
12				26				40			
13				27				41			
14				28				42			

감독위원	채점위원(1)		채점위원(2)		채점위원(3)	
(서명)	(득점)	(서명)	(득점)	(서명)	(득점)	(서명)

※ 뒷면으로 이어짐

※ 본 답안지는 컴퓨터로 처리되므로 구기거나 더럽히지 않도록 조심하시고 글씨를 칸 안에 또박또박 쓰십시오.

전국한자능력검정시험 6급 답안지(2)

답 안 란		채 점 란		답 안 란		채 점 란		답 안 란		채 점 란	
번호	정 답	1검	2검	번호	정 답	1검	2검	번호	정 답	1검	2검
43				59				75			
44				60				76			
45				61				77			
46				62				78			
47				63				79			
48				64				80			
49				65				81			
50				66				82			
51				67				83			
52				68				84			
53				69				85			
54				70				86			
55				71				87			
56				72				88			
57				73				89			
58				74				90			

사단법인 한국어문회 · 한국한자능력검정회   0 6 1

수험번호 □□□－□□－□□□□   성명 □□□□□

주민등록번호 □□□□□□－□□□□□□□   ※유성싸인펜, 붉은색 필기구 사용 불가.

※답안지는 컴퓨터로 처리되므로 구기거나 더럽히지 마시고, 정답 칸 안에만 쓰십시오.
글씨가 채점란으로 들어오면 오답처리가 됩니다.

전국한자능력검정시험 6급 답안지(1)

번호	정 답	1검	2검	번호	정 답	1검	2검	번호	정 답	1검	2검
	답 안 란	채 점 란			답 안 란	채 점 란			답 안 란	채 점 란	
1				15				29			
2				16				30			
3				17				31			
4				18				32			
5				19				33			
6				20				34			
7				21				35			
8				22				36			
9				23				37			
10				24				38			
11				25				39			
12				26				40			
13				27				41			
14				28				42			

감 독 위 원	채 점 위 원 (1)		채 점 위 원 (2)		채 점 위 원 (3)	
(서명)	(득점)	(서명)	(득점)	(서명)	(득점)	(서명)

※ 뒷면으로 이어짐

※ 본 답안지는 컴퓨터로 처리되므로 구기거나 더럽히지 않도록 조심하시고 글씨를 칸 안에 또박또박 쓰십시오.

전국한자능력검정시험 6급 답안지(2)

답 안 란		채 점 란		답 안 란		채 점 란		답 안 란		채 점 란	
번호	정 답	1검	2검	번호	정 답	1검	2검	번호	정 답	1검	2검
43				59				75			
44				60				76			
45				61				77			
46				62				78			
47				63				79			
48				64				80			
49				65				81			
50				66				82			
51				67				83			
52				68				84			
53				69				85			
54				70				86			
55				71				87			
56				72				88			
57				73				89			
58				74				90			